Simone und Steffen Uttich

ES IST NUR GELD

SIMONE UND STEFFEN UTTICH

ES IST NUR GELD

10 FEHLER, MIT DENEN SIE SICHER IHR VERMÖGEN VERSENKEN

Frankfurter Allgemeine Buch

Bibliografische Information der Deutschen Nationalbibliothek

Die Deutsche Nationalbibliothek verzeichnet diese Publikation in der Deutschen Nationalbibliografie; detaillierte bibliografische Daten sind im Internet über http://dnb.d-nb.de abrufbar.

Simone und Steffen Uttich

Es ist nur Geld

10 Fehler, mit denen Sie sicher Ihr Vermögen versenken

F.A.Z.-Institut für Management-,
Markt- und Medieninformationen GmbH
Frankfurt am Main 2009

ISBN 978-3-89981-206-0

Frankfurter Allgemeine Buch

Copyright	F.A.Z.-Institut für Management-,
	Markt- und Medieninformationen GmbH
	Mainzer Landstraße 199
	60326 Frankfurt am Main

Gestaltung/Satz	
Umschlag	F.A.Z., Verlagsgrafik
Umschlagbild	Jörg Mühle
Satz Innen	Angela Kottke, Nicole Bergmann
Druck/Bindung	CPI Moravia Books, Pohorelice

Printed in EU

INHALT

.

FÜR LEONHARD
UND BERNADETTE

Über Geld spricht man nicht, lautet eine hierzulande weitverbreitete Redewendung. Und gern damit beschäftigen tun sich die meisten Deutschen schon gar nicht. Daran haben auch die vielen Bücher, die in den vergangenen Jahren über die private Vermögensanlage auf den Markt gekommen sind, nichts Wesentliches geändert. Viele Ratgeber erschöpfen sich in einer Aufzählung der verschiedenen Anlageformen, in der Beschreibung ihrer Vor- und Nachteile. Wir haben uns daher vorgenommen, unsere Leser nicht mit dem 3587. Buch über die richtige Geldanlage zu langweilen. Ohnehin ist dies ein anmaßender Anspruch. Wer von sich behauptet, das Erfolgsrezept für die richtige Geldanlage zu kennen, muss schon über ein hohes Sendungsbewusstsein verfügen, um dieses Wissen mit anderen teilen zu wollen.

Wir gestehen freimütig: Das Patentrezept für die erfolgreiche Vermögensmehrung kennen wir nicht. Was uns in unserem Berufsalltag als Finanzberaterin und Wirtschaftsjournalist aber auffällt, sind die groben Fehler, die immer wieder gemacht werden und die zuverlässige Verlustquellen darstellen. Deshalb zäumen wir auf den folgenden Seiten einfach mal das Pferd von hinten auf. Nachdem sich so viele Autorenkollegen die Mühe gemacht haben, ihren Lesern gute Ratschläge über erfolgreiches Investieren an die Hand zu geben, was letztlich aber wohl nicht richtig funktionierte, schreiben wir auf, was nach unseren praktischen Erfahrungen auf jeden Fall nicht funktioniert.

Dieses Buch wendet sich auch und vor allem an Privatanleger ohne oder mit nur geringer Vorbildung in der Vermögensanlage. Es soll ihnen die Scheu nehmen, sich einmal genauer mit der Materie zu befassen. Ein vernünftig strukturiertes Portfolio ist kein Hexenwerk, wie dies immer wieder suggeriert wird. Selbstverständlich kann man darüber Doktorarbeiten schreiben und für komplexe Formeln der Risikostreuung einen Nobelpreis bekommen. Man kann sich aber auch an ein paar einfachen Regeln orientieren und steht schon wesentlich besser da, als wenn man diese Aufgabe an einen vermeintlichen Berater delegiert.

Die Erfahrungen aus der Finanzkrise, die heftigen Verluste und das gewachsene Misstrauen gegenüber professionellen Anlageberatern sind ein guter Anlass, sich einmal näher mit der privaten Geldanlage zu beschäftigen. Erfolgserlebnisse werden nicht lange auf sich warten lassen. Wenn Sie die folgenden zehn Fehler vermeiden, ist das schon ein guter Anfang.

Simone & Steffen Uttich   September 2009

FEHLER NUMMER EINS

Das Verhältnis des privaten Geldanlegers zu seinem Bankberater ist üblicherweise ein großes Missverständnis. Anwälte, Steuerberater, Notare – sie alle halten die Hand auf, wenn ihr Rat gefragt ist. Und ohne zu zögern zahlt die Kundschaft für ein sicheres Geleit durch eine unübersichtlich anmutende Welt aus unverständlichen Paragraphen und unlogischen Regeln ein angemessenes, manchmal sogar großzügiges Honorar. Nur in einem besonders sensiblen Bereich unseres Alltags geht die große Mehrheit davon aus, dass eine umfassende Beratung gratis zu erfolgen hat. Die Tür zur Bank- oder Sparkassenfiliale öffnet sich – und plötzlich gelten die Regeln der Arbeitsteilung und des gesunden Menschenverstands nicht mehr. Auf einmal wird davon ausgegangen, durch die immer unübersichtlichere Welt der privaten Geldanlage und ihrer häufig unlogischen Versprechen geleitet zu werden – und dafür offenbar nichts bezahlen zu müssen.

Das war schon immer so – und wird hoffentlich nicht immer so bleiben. Denn dieses Missverständnis ist die Quelle allen Ungemachs, welches viele Privatanleger immer wieder erleben. Die Illusion der kostenlosen Beratung sorgt dafür, dass die meisten Vermögen hierzulande ein Sammelsurium aus niedrigverzinsten Spareinlagen, überteuerten Fonds, undurchsichtigen Versicherungen und fragwürdigen Zertifikaten darstellen. Die vermeintliche Gratisberatung sorgt dafür, dass eine sinnvolle Aufteilung des Vermögens über mehrere Anlageklassen zur besseren Risikostreuung in der Regel nicht einmal ansatzweise vorhanden ist.

Der Mann oder die Frau auf der anderen Seite des Schalters oder Schreibtischs befindet sich in einem klassischen Interessenkonflikt: Berät er oder sie den Kunden und hat dabei immer die Ausgewogenheit seines Vermögens im Blick – oder steht das Wohlergehen des eigenen Hauses im Vordergrund, von dem man schließlich am Monatsende das Gehalt überwiesen bekommt? Bis in die neunziger Jahre hinein erzeugten die Banken noch einigermaßen überzeugend den Eindruck, die schwierige Balance zwischen diesen beiden Polen halten zu können. Inzwischen machen sie sich nicht einmal mehr diese Mühe.

Unvergessen bleibt der Auftritt des Privatkundenvorstands einer großen Bank, der stolz sein neues Beratungskonzept präsentierte. Dieses Konzept stellte eine einzige Entmündigung des Privatkundenberaters dar. Ein enges Korsett ließ keinen Ausbruch zu. Es ließ darin nicht einmal ansatzweise Raum, auch das Interesse des Kunden im Blick zu behalten. Standardisierung im Massengeschäft, lautete das Motto. Verkauft wird, was die Bank gerade für richtig hält – und offenkundig besonders hohe Verkaufsprovisionen einbringt. „Es ist wie bei McDonalds", beschrieb der Vorstand seine ideale Welt. „Wir veranstalten beispielsweise Hähnchen-Wochen, und da kann keiner der Mitarbeiter mehr sagen, jetzt biete ich aber Scampi an." Endlich bemühte sich ein Vertreter aus den Führungsetagen der Geldhäuser nicht mehr, den schönen Schein zu wahren. Ein Privatkundenberater ist ein Verkäufer – wer das nicht versteht, sollte sich schnellstens eine neue berufliche Heimat suchen.

Was auch immer die Werbung verspricht, von der „Leistung aus Leidenschaft" bis zur „Beraterbank": In jeder Vermögensberatung, die von der Provision aus dem Verkauf von Geldanlageprodukten lebt, finden sich unzählige Beispiele, wie der Privatkunde nur noch als Abladeplatz für Massenware wahrgenommen wird. Bemerkenswert ist allerdings immer wieder die Überzeugungskraft, die dabei an den Tag gelegt wird.

Nach der Jahrtausendwende wurde eine geraume Zeit die Nachfrage nach Garantieprodukten künstlich nach oben getrieben. Trotz der Investition von Kundengeldern am Aktienmarkt wird wenigstens die Rückzahlung des eingesetzten Geldes am Ende einer definierten Laufzeit versprochen. Zwei Verpackungsmöglichkeiten standen zur Verfügung: Garantiefonds und Garantiezertifikate. Ihr Mechanismus war weitgehend gleich – die volle Absicherung gegen das Verlustrisiko ist so teuer, dass letztlich von einem Marktaufschwung nur ein Bruchteil beim Anleger ankommt. Doch in zwei wesentlichen Punkten unterschieden sie sich. Zertifikate waren etwas riskanter, weil sie im Gegensatz zu den Fonds auch noch ein Emittentenrisiko bargen. Ein zusätzliches Risiko, das die Anleger allerdings nicht vergütet bekamen. Von Anbietern und Beratern wurde die Zahlungsunfähigkeit und ihre Folgen als theoretischer Fall abgetan – bis im Herbst 2008 die amerikanische Investmentbank Lehman Brothers zusammenbrach. Diese hatte in den Jahren zuvor Garantiezertifikate im Umfang von mehreren Millionen Euro herausgegeben, die nun von einem Tag auf den anderen nichts mehr wert waren. Doch die Zertifikate sind aus Anlegersicht nicht nur riskanter, sie waren auch steuerlich schlechter gestellt. Ihr Wertzuwachs musste mit dem persönlichen Einkommensteuersatz versteuert werden, während der Gewinn aus Garantiefonds damals nach einem Jahr Haltedauer steuerfrei vereinnahmt werden konnte. Erst die Abgeltungsteuer auf sämtliche Kapitaleinkünfte, die Anfang 2009 eingeführt wurde, schaffte diesen Vorteil aus der Welt.

Trotz dieser beiden erheblichen Nachteile bekamen die Kunden mit einem starken Sicherheitsbedürfnis in dieser Zeit vor allem Garantiezertifikate verkauft. Aus einem einfachen Grund: Obwohl auch die Fonds mit ihrer Gebührenstruktur kein Sonderangebot waren, konnten die Banken mit den Zertifikaten noch höhere Einnahmen erzielen. Nach außen fiel die Begründung für die Bevorzugung allerdings etwas blumiger aus. Zertifikate seien die innovativeren Finanzinstrumente, mit denen sich flexibler auf die Marktgegebenheiten reagieren ließe, wurde dann geflötet.

Die übliche Vertriebsprosa eben – doch im Tone der festen Überzeugung vorgetragen verfehlte sie ihre Wirkung offensichtlich nicht. Kurz vor der Einführung der Abgeltungsteuer, die die unterschiedliche Besteuerung von Fonds und Zertifikaten mit einem festen Rückzahlungsversprechen einebnete, machten Garantiezertifikate rund ein Fünftel des gesamten Zertifikategeschäfts in Deutschland aus.

Es war schon in früheren Zeiten üblich, Filialberatern Absatzziele für bestimmte Geldanlageprodukte vorzugeben. Dies geschah aber zumeist auf Monatsbasis und gab engagierten Mitarbeitern noch die Möglichkeit, die Kunden im eigenen Bestand herauszufiltern, für die dieser Fonds oder jene Versicherung tatsächlich eine sinnvolle Ergänzung im Portfolio darstellen könnte. Inzwischen ist der Takt auf Wochen oder in mancher Großbank sogar auf Tage heruntergebrochen worden. Dieses Vorgehen zeigt unmittelbar Wirkung. Wenn sich ein Anleger nur mal kurz in der Filiale erkundigen will, wie ein Betrag, der gerade übrig ist, ordentlich geparkt werden kann, wird er dann gleich mit den Vorzügen des neuen Asia-Infrastruktur-Absolute-Return-Plus-Fonds beglückt und nach Hause geschickt – sanft gedrängt vom netten Berater, egal ob es gerade in das Chance-Risiko-Profil seines Depot passt oder nicht.

Aus dem einst angesehenen Beruf des Bankberaters wird unter solchen Umständen ein getriebener Verkäufer. Mit der reinen Orientierung an Verkaufszielen verwischt allerdings

auch immer mehr der Unterschied zu den berühmt-berüchtigten Finanzstrukturvertrieben, die in den siebziger Jahren
erstmals aufkamen und sich seither einen festen Platz in der
Finanzdienstleistungsbranche erobert haben. So brutal ist
das Geschäftsmodell der „Struckies" auf den Verkauf von
besonders hoch provisionierten Geldanlagen ausgerichtet,
dass die Produktpalette für Anleger recht überschaubar ist.
Wer nicht schnell genug auf den Bäumen ist, dem wird im
Zweifel zuerst eine Lebensversicherung verkauft.

Unter allen herkömmlichen Geldanlagen ist die Unter-
schrift unter einer kapitalbildenden Lebensversicherung für
den Verkäufer besonders wertvoll, weil die ersten Einzahlungen des Anlegers in diese Spar-Police unmittelbar und
nahezu komplett in seiner Tasche landen. Merken tut das
der liebe Kunde nur, wenn er den Vertrag im ersten Jahr
der Laufzeit wieder kündigt – dann bekommt er nämlich
kaum Geld zurück. Inzwischen muss zwar die absolute
Höhe der Verkaufsprovision in den Vertragsunterlagen auf-
geführt sein. Der Betrag wird in der Praxis aber unter
einem solchen Wust von Kleingedrucktem vergraben, dass
sich nur Liebhaber der Lektüre Allgemeiner Geschäftsbe-
dingungen auf die Suche begeben dürften und unterwegs
tatsächlich auch fündig werden.

Für den „Strucki" bedeuten viele solcher Abschlüsse nicht
nur viel Geld, sondern auch Anerkennung in Form eines
Aufstiegs in der Firmenhierarchie. In diesen Organisationen
werden die Provisionen nach einem komplizierten Schlüssel

verteilt. Je höher ein Verkäufer auf den vielen Stufen in der Firmenstruktur steht, umso mehr Geld fließt ihm automatisch zu. Das Einsammeln von Unterschriften übernehmen dann andere. Dieser Mechanismus bringt Dynamik in Strukturvertriebe – das Kundeninteresse ist zwangsläufig nachrangig. Inzwischen hat es den Anschein, dass manche einst stolze Bank sogar schon ein Vorbild im „Strucki"-Geschäftsmodell sieht. Von oben herab schauen sie jedenfalls auf die mobilen Vertriebe, die jeden Abend die Wohnzimmer im Lande mit ihren Laptops bevölkern, schon lange nicht mehr.

Zur vollen Entfaltung kommt die vermeintlich kostenlose Beratung, wenn in der Kundschaft das große Geschäft ansteht – der Erwerb von Wohneigentum. Es ist nämlich das klassische Modell der Provisionspotenzierung, einen Immobilienkredit mit einem Lebensversicherungsvertrag zu verknüpfen. Mit dem Kredit wird das Haus oder die Wohnung bezahlt, über die Police läuft dann die Tilgung der Schulden. Aus Kundensicht ist das Ansparen der Tilgung über eine Lebensversicherung jedoch völlig unnötig und viel zu teuer. Zudem ist das Risiko ziemlich einseitig verteilt, wenn sich etwa die Prognosen im Versicherungsvertrag als Makulatur erweisen und plötzlich Finanzierungslücken auftreten, die nachträglich geschlossen werden müssen. Nach der Jahrtausendwende haben zahlreiche Häuslebauer diese schmerzhafte Erfahrung machen müssen. Wenn der Kredit jedoch ganz normal Monat für Monat abgezahlt wird, verdient der Verkäufer nur einmal – nämlich an der Vermittlung der Baufinanzierung. Die unsinnige Kombination ist der Preis dafür, dass für die Beratung nichts bezahlt werden muss.

Vertreter der Bankenbranche verweisen — angesprochen auf das provisionsgetriebene Vergütungsmodell — regelmäßig darauf, dass die vermeintlich kostenlose Beratung hierzulande ein über Jahrzehnte gewachsenes, kulturelles Phänomen darstellt. Die Beratung gegen Honorar lasse sich bestenfalls in Nischen durchsetzen. Solche Jammertiraden verdecken jedoch nur, dass die Geldhäuser gar kein Interesse daran haben, die Basis ihres Privatkundengeschäfts zu verändern. Mit einer Veröffentlichung der Honorarsätze würden sie sich unmittelbar der Diskussion aussetzen, ob Umfang und Qualität ihrer Beratung auch tatsächlich das Geld wert sind, das auf der Rechnung steht.

Unter dem Dach des Provisionsmodells kann dagegen ihre Lieblingsgleichung weiterhin Anwendung finden: Je komplexer, je weniger durchschaubar ein Geldanlageprodukt ist, umso mehr lässt sich damit verdienen. Die Erträge aus dieser Quelle lassen sich viel besser steuern als das mögliche Honoraraufkommen. Muss im Privatkundengeschäft aus firmeninternen Erwägungen wieder mehr verdient werden, fließen eben mehr Zertifikate in die Kundendepots. Braucht die Bank mehr Einlagen, um ihre Kreditgeschäfte zu refinanzieren, werden eben mehr Sparbücher verkauft.

Kostenlose Beratung kann nur in Ausnahmefällen gute Beratung sein — alles andere ist Augenwischerei. Es ist sogar nachvollziehbar, wenn der Anlageberater seine eigenen Interessen nicht aus den Augen verliert – schließlich kann er nicht nur von Luft und Liebe leben. Dass unter diesen Voraussetzungen trotzdem immer wieder eine faire Beratung gefordert wird, ist lediglich ein Beitrag zur Augenwischerei. Anlegerschützer und Gesetzgeber spielen mit ihren Aktivitäten durchaus eine zwiespältige Rolle: Mit dem Versprechen eines verbesserten Anlegerschutzes halten sie lediglich die Illusion am Leben, dass eine provisionsgetriebene Geldanlageberatung möglich ist, in der das Kundeninteresse vor dem Bankinteresse steht. Wortungetüme wie Anlegerschutzverbesserungsgesetz, die Einführung umfangreicher Dokumentationspflichten für Anlageberater und die Verpflichtung zu einem Mindestmaß an Ausbildung packen das Übel nicht an seiner Wurzel – der Interessenkonflikt bleibt bestehen.

Dass die provisionsgetriebene Beratung in den vergangenen Jahren völlig überdreht wurde, weil die Ertragsvorgaben an das Privatkundengeschäft in zahlreichen Banken zunehmend unrealistisch wurden, hat allerdings auch seine guten Seiten. Die mit der Maßlosigkeit ausgelösten Verheerungen treten in der Finanzkrise offen zutage. Betroffene Anleger fangen nach einem Blick auf ihre Depotauszüge endlich an zu fragen, wie die Zusammensetzung der einzelnen Positionen eigentlich zustandekommt. In der Vergangenheit wurde ein Kunde schon als „schwierig" eingestuft, wenn er nachzufragen wagte, wie denn dieses oder jenes Zertifikat nun genau funktioniert – wo denn neben den hervorgehobenen Chancen möglicherweise auch die Risiken liegen. Die Ausnahme wird allmählich zur Regel.

Und wie reagieren Bankberater in der Krise? Die meisten gehen auf Tauchstation – gerade in der Zeit, in der tatsächlich Beratungsbedarf besteht. Denn um die Vorwürfe auszuräumen, müssten erst einmal eigene Fehler eingestanden werden. Danach müsste das Depot aufgeräumt werden. Und beide Schritte müssen vollzogen werden ohne eine Hilfestellung durch die Produkteinkäufer in der Zentrale – die sind in der Krise nämlich kopflos geworden und lassen ihre Kollegen in den Filialen hängen. In solchen Momenten rächt sich die schleichende Entmündigung der Berater in den vergangenen Jahren.

Wer sich in der Vergangenheit über die permanente Rotation in seinem Wertpapierdepot wunderte, findet in dem Vergütungsmodell seiner Finanzberatung die Antwort. Provisionen in nennenswerter Größenordnung fließen vor allem bei Neuabschlüssen. Also muss in regelmäßigen Abständen ein Geldanlageprodukt rausfliegen und durch ein neues ersetzt werden. In der Branche wird dieses Vorgehen „Drehen" genannt. Die Kundendepots werden gedreht – ob das sinnvoll ist oder nicht.

Vor vier Jahren hatte beispielsweise eine große deutsche Fondsgesellschaft einen enormen Verkaufserfolg mit einem Aktienfonds, der an den eher risikoreichen Börsen in Schwellenländern investierte. Etwa ein Jahr nach der Auflage baute das Fondsmanagement plötzlich größere Mengen an Bargeldbeständen auf. Nichts deutete auf einen Marktumschwung hin, aufgrund dessen die Fondssparer ihre zuvor erzielten, durchaus nennenswerten Gewinne in Sicherheit bringen müssten. Die Erklärung der Fondsmanager für ihr Verhalten hatte mit den Börsen auch nichts zu tun. Der Fonds war gerade etwas mehr als ein Jahr am Markt. Die Berater in der Mutterbank würden nun mit einem Verweis auf den steuerfreien Veräußerungsgewinn beginnen, ihre Kunden zum Verkauf der Anteile zu bewegen – was dann auch tatsächlich passierte. Aus dem einen Fonds raus, in den nächsten Fonds rein – es war wieder Zeit zum „Drehen".

Gelöst werden kann eine solche Verhaltensweise nur, wenn die Abschlussprovision nicht mehr die entscheidende Einnahmequelle des Beraters und der hinter ihm stehenden Finanzinstitution ist – sprich wenn der Kunde die Beratung bezahlt und nicht der Anbieter des Geldanlageprodukts. Ein Wechsel von der provisionsgetriebenen Beratung zu Beratungsmodellen auf Honorarbasis in Banken und Sparkassen wäre zunächst so etwas wie eine Schocktherapie. Jeder Anleger dürfte nämlich schockiert sein, wenn er die Summe, die seine Bank bislang regelmäßig von seinem Geld über diese und jene Gebühr abzweigt, auf einer Rechnung findet.

Eine Beratung auf Honorarbasis scheitert deshalb häufig daran, dass ihr Wert von den meisten Anlegern nicht erkannt wird. Es herrscht stattdessen Grundvertrauen in eine Form der Anlageberatung, die gar nicht die Interessen des Anlegers vertreten kann. Bislang war es leider so, dass dieser Konflikt nur in schwierigen Zeiten an den Kapitalmärkten sichtbar wird und in guten Zeiten wieder verblasst.

Es ist schon erstaunlich, dass mit kaum etwas anderem im Alltag so naiv umgegangen wird, wie mit der Frage, wem ich wie mein Erspartes anvertraue. Für den Kauf einer Waschmaschine wird in den Familien häufig mehr Aufwand betrieben als für die Auswahl einer geeigneten Geldanlage. In Umfragen bringen die Deutschen regelmäßig zum Ausdruck, dass sie eine Beratung über die Anlage ihres Geldes wie einen Besuch beim Zahnarzt empfinden.

Es führt kein Weg an dieser Erkenntnis vorbei: Eine umfassende und erfolgversprechende Anlageberatung zum Nulltarif ist ein Widerspruch in sich. Ein Kundendepot aus Kraut und Rüben, an dem alle verdienen, nur nicht der Anleger, hat in genau diesem Punkt ihren Ursprung. Der erste und wesentliche Schritt zum Anlageerfolg ist deshalb: Selbst informieren oder einen Berater konsultieren, der nicht von den Provisionen der Produktanbieter leben muss. Natürlich gehören Verständnis und Mut dazu, mit dem eigenen Vermögen ausgetretene Wege zu verlassen und sich vom Üblichen zu trennen. Erste Anhaltspunkte für Berater, die ihr Geld wert sind, können Empfehlungen aus dem Freundeskreis, der Sympathiefaktor in den ersten Gesprächen und vor allem die Ausbildung des Finanzberaters sein. Schließlich ist Finanzberater eine Berufsbezeichnung, die gesetzlich nicht geschützt ist.

Wie eine am Interesse des Anlegers orientierte Beratung aussehen kann, macht ein Blick auf die besonders vermögenden Familien im Lande deutlich. Für sie hat sich ein lukrativer Geschäftszweig in der Finanzdienstleistungsbranche etabliert – die sogenannten Family Offices. In dieser vermögenden Kundengruppe ist man sich offensichtlich bewusst, dass guter Rat teuer ist. In dieser Kundengruppe kann man sich schlicht nicht vorstellen, dass ihr Interesse gewahrt wird, wenn das Gegenüber dafür keine angemessene Vergütung erfährt.

SCHLUSSFOLGERUNGEN

■ Berater, die von der Provision leben, entscheiden im Zweifel für den eigenen Geldbeutel.

■ Koppelangebote wie Baufinanzierungen mit Lebensversicherungen oder Lebensversicherungen mit Fonds sind in der Regel nutzlos und kosten nur viel Geld.

■ Wenn man ein Anlageangebot nicht versteht: Nachfragen!

■ Wenn man es danach immer noch nicht versteht: Finger weg!

FEHLER NUMMER ZWEI

Eigenverantwortung und ein eigener Stil spielen in modernen Gesellschaften eine Schlüsselrolle. In der Vermögensanlage steht ihnen dagegen meistens nur eine Nebenrolle zu. Ausgerechnet im Umgang mit Geld kommt regelmäßig der Herdentrieb des Menschen zum Tragen. Das ist allerdings auch nicht verwunderlich. Liegt man bei einer solchen Entscheidung daneben – wenn es also darum geht, in welche Kanäle größere Mengen an Geld fließen sollen –, können die Folgen sehr unangenehm sein. Manchmal muss man sich einige Zeit einschränken, von einigen Träumen Abschied nehmen. Im schlimmsten Fall steht der finanzielle Ruin ins Haus.

Wenn die Entscheidung also herangerückt ist, bietet die Herde eine vermeintliche Sicherheit. In ihr kann man sich verstecken. Die Angst vor Fehlern wird automatisch etwas gedämpft, wenn man das tut, was die anderen auch tun. Dann kann man schließlich nicht vollkommen verkehrt liegen, lautet der Hintergedanke. Doch zeigt sich gerade an der Börse in regelmäßigen Abständen, dass es manchmal leider eine Herde Lemminge ist, in der man sich bewegt: Springt der erste über die Klippe, folgen die anderen, ohne groß darüber nachzudenken.

Über die vergangenen Jahre hat sich ein eigener Zweig in der Verhaltensforschung etabliert, der dem beschriebenen Phänomen auf den Grund gehen will. Gleichzeitig haben sich zahlreiche Investmentstrategien herausgebildet, in denen der Computer die Anlageentscheidung fern jeglicher menschlicher Emotionen trifft. Die Kurse an den Börsen bewegen sich wellenförmig – und die meisten Akteure an den Börsen sind Wellenreiter. Im Idealfall kaufen sie Wertpapiere am Tiefpunkt eines Börsenzyklus und verkaufen auf dem Höhepunkt. Leider ist es jedoch so, dass es einem Volltreffer im Lotto gleichkommt, die Wendepunkte genau zu erwischen.

Je mehr jedoch ein Anleger nach rechts und links schaut, was denn eigentlich die anderen machen, umso unmöglicher wird es, den richtigen Zeitpunkt zu treffen. Die Masse bewegt sich träge. Es dauert seine Zeit, bis sich die allgemeine Meinung durchsetzt, dass die Nachfrage in einem bestimmten Marktsegment über alle Tagesbewegungen hinweg eine stabile Richtung nimmt. Bis diese Botschaft durchgesickert ist, ist bei einer Aufwärtsbewegung der Kurse der größte Teil meist schon vorüber. Umgekehrt dauert es ebenso eine gewisse Zeit, bis sich die Einsicht durchsetzt, dass die Party an der Börse vorüber ist. Dass viele Privatanleger kaufen, wenn alle anderen auch kaufen; dass sie aber auch ihre Papiere auf den Markt werfen, wenn die anderen das ebenfalls in größerem Umfang tun – dieses Verhalten ist die häufigste Verlustquelle für die meisten Wertpapierdepots.

Den besten Anschauungsunterricht lieferte das Geschehen an den Aktienmärkten rund um die Jahrtausendwende. Kurz vor dem Jahr 2000 entdeckten massenhaft Privatanleger die Börse. Es war ein weltweites Phänomen, ausgelöst durch den Technologieschub, den das aufkommende Internet versprach. Erstaunlicherweise entwickelten sich in dieser Zeit ausgerechnet die international in Geldangelegenheiten als extrem risikoscheu verschrienen Deutschen zu einem Volk von Risikokapitalgebern. Die Börse spendierte ihnen dafür sogar ein eigenes Marktsegment, an dem nahezu ausschließlich Ideen und Hoffnungen auf künftige Gewinne gehandelt wurden – den Neuen Markt.

Eine Eigenschaft der dort notierten Aktien war es, dass sich wegen ihres niedrigen Börsenwertes die Kurse schon mit einem vergleichsweise geringen Einsatz bewegen ließen – im Gegensatz beispielsweise zu den großen Unternehmen, die sich im deutschen Leitindex Dax finden. Als der Neue Markt zu einem Massenphänomen wurde, kletterten die Kurse deshalb rasch in astronomische Höhen. Der Dax kam bis zum Höhepunkt der Spekulation übrigens nur ansatzweise hinter den Kurssprüngen hinterher. Schließlich ließ sich mit ihm das eingesetzte Geld in der besonders wilden Zeit nur verdoppeln – und nicht verdrei- oder vervierfachen, wie dies innerhalb weniger Wochen im Handel mit Wachstumswerten möglich war.

Der Traum vom schnellen Reichtum schien greifbar nahe. Von 1998 bis ins Frühjahr 2000 kannte der Aktienmarkt nur eine Richtung – nach oben. Im Februar 2000 war auf der Titelseite der „Bild"-Zeitung zu lesen, wie Lehrer und Büroangestellte ihren Beruf an den Nagel hängten und sich als Wertpapierspekulanten versuchten. Seminare der Terminbörse Eurex über die komplizierte Funktionsweise von Optionen und Futures, mit denen sich die erhofften Gewinne sogar noch hebeln lassen, erfreuten sich eines regen Interesses.

Im März 2000 erreichte die damalige Hausse ihren Höhepunkt. Leider dauerte es danach noch ein Jahr, bis auch der letzte Anleger diese Kehrtwende des Marktes mitbekam. Erst im März 2001 zogen Fondssparer mehr Geld aus Aktienfonds ab, als sie gleichzeitig einzahlten. Es folgten dann noch zwei weitere Jahre, in denen die Kurse am deutschen Aktienmarkt nur noch eine Richtung kannten – nach unten. Viele Anleger waren nahezu gleichzeitig in den Markt eingestiegen. Nun wollten sie beinahe gleichzeitig ihre Anteile wieder loswerden. Plötzlich war Verlustbegrenzung das oberste Ziel. Das konnte nicht gut gehen.

Je länger der Kursabschwung andauerte, umso mehr schlug das Gefühl von Sicherheit innerhalb der Herde in nackte Panik um: Lieber verkaufen, wenn die anderen das auch tun. Wenn sich das eigene Vermögen halbiert, und dann noch einmal halbiert, und dann noch einmal halbiert – wenn gleichzeitig die Hintergrundmusik aus Wirtschaftsdaten und Wirtschaftsberichterstattung der Medien auf

Moll gestimmt ist –, dann gehört schon viel Selbstbewusstsein und Stehvermögen dazu, um die Nerven zu behalten. Natürlich müssen hoffnungslose Fälle – und davon gab es am Neuen Markt eine Menge – aus dem Depot gekehrt werden. Je früher, umso besser. Doch auch die großen Standardwerte im Dax sind damals in Mitleidenschaft gezogen worden. Wer aber diese Papiere besaß und den Absprung nicht rechtzeitig schaffte, für den galt nun das Erfolgsrezept: Die Aktien behalten, bis es am Markt wieder in die andere Richtung geht.

Am schlimmsten sind in solchen Marktphasen die Anleger dran, die ihre Aktien tatsächlich verkaufen müssen, weil sie das Geld dringend brauchen. Verkaufen heißt in dieser Situation: Verluste realisieren. Ansonsten gilt es, die zwischenzeitlichen Verluste auszusitzen – also entweder mit den Aktien im Bestand in die Warteschleife gehen oder hoffnungslose Positionen in andere Aktien umschichten. Wichtig ist nur, bei notwendigen Umschichtungen möglichst in der gleichen Anlageklasse zu bleiben, um nicht nur nach unten, sondern auch bei der späteren Erholung nach oben mit dabei zu sein.

Es dauert mit Aktien manchmal nur ein Jahr, um das eingesetzte Vermögen zu halbieren. Mit sicheren Staatsanleihen dauert es jedoch gut und gerne ein halbes Arbeitsleben, um einen solchen Rückschlag wieder aufzuholen. Ein Verbleib in der Anlageklasse Aktien ist da auf jeden Fall vielversprechender. Niemand hat Ende 2002/Anfang 2003 geglaubt, dass der Dax schon vier Jahre später wieder auf den alten Höhen ankommen könnte. Vielmehr war es gerade damals interessant zu beobachten, unter welch großen psychologischen Druck sich Anleger kurz vor den Wendepunkten an den Börsen selbst setzen.

Ein Bekannter rief uns Ende 2002 an und erbat Rat, wie er mit seinen Anteilen an einem Aktienfonds umgehen sollte. Der Fonds erwies sich als das Flaggschiff einer größeren deutschen Gesellschaft. Es war keiner der in arge Nöte geratenen Neuer-Markt-Vehikel. Unser Rat konnte deshalb nur lauten: Für einen Ausstieg ist es schon zu spät – unbedingt halten. Anfang 2003 kam der nächste Anruf. Die Verluste würden wachsen und wachsen. Diesmal konnten wir sogar etwas Mut machen: In Amerika war der Tiefpunkt des Börsenabschwungs schon im Oktober 2002 erreicht. Es konnten tatsächlich schon erste Anzeichen einer Kursstabilisierung an der Wall Street ausgemacht werden.

Doch New York ist weit weg. Vor der eigenen Haustür dagegen wurden weiter große Aktienpakete auf den Markt geworfen. Auf Partys und Familienfeiern machten die ersten vermeintlich guten Vorsätze die Runde, nie wieder Aktien anfassen zu wollen. Schließlich kam der dritte Anruf: Der Bekannte hatte letztlich die Nase voll, Tag für Tag in einen Abwärtsstrudel zu blicken – ohne Aussicht auf eine Besserung der Lage. Mitten im Ausverkauf warf auch er nun seine Papiere auf den Markt – eine Woche vor dem absoluten Tiefpunkt.

Die Jahrtausendhausse und die Jahrtausendbaisse können als eine Lehrstunde für die Anlegerschaft gelten. Leider haben zu wenige etwas aus diesem Erfahrungsschatz gemacht. Die wichtigste Lehre lautet: Nerven behalten, nach oben und nach unten. Doch Kursblasen erzeugen fast rauschhafte Zustände – auch aus der jüngeren Geschichte lassen sich schon wieder einige Beispiele aufzählen. So galoppierten ab 2005 die chinesischen Aktienbörsen Schanghai und Schenzhen in eine Hausse, die auf kaum für möglich gehaltene Kurshöhen führte. Das Platzen der Blase drei Jahre später ließ hierzulande sofort Erinnerungen an den Neuen Markt aufkommen.

Immerhin ist in China nicht überwiegend mit Luft gehandelt worden. Lediglich die Übertreibung wich aus dem Markt. Der entscheidende Kurstreiber für eine Aktie ist der Gewinn des Unternehmens – auch wenn dieser Umstand zuweilen aus dem Blick gerät. China bleibt eine aufstrebende Wirtschaftsnation und wird nicht wie der Neue Markt sang- und klanglos in der Versenkung verschwinden. Wer nicht gerade seine gesamten Ersparnisse in ein einzelnes chinesisches Unternehmen gesteckt hat, das möglicherweise in größere Schwierigkeiten gerät, sondern sein China-Engagement schön breit auf mehrere Standardwerte gestreut hat, der kann sich wohlgemut an das Geschehen rund um die Jahrtausendbaisse an den großen Weltbörsen erinnern: Die Kurserholung stellt sich immer dann ein, wenn sie keiner erwartet.

Kursblasen, die durch den Herdentrieb in der Anlegerschaft erzeugt werden, sind jedoch nicht nur auf den Aktienmarkt beschränkt. So löste beispielsweise der Zusammenbruch der amerikanischen Investmentbank Lehman Brothers im Herbst 2008 und die damit verbundene Angst vor Verlusten mit sämtlichen risikobehafteten Anlageformen eine Flucht in die vermeintlich sicheren Staatsanleihen der Industrieländer aus. Die Kurse von Bundesanleihen sprangen so weit nach oben, dass mit Schuldtiteln des deutschen Staates, die erst zehn Jahre später zurückgezahlt werden, weniger als 3 Prozent Rendite zu erzielen waren. In den USA ging die Fluchtbewegung sogar so weit, dass der Staat zeitweise gar keine Zinsen mehr zahlen musste. Er gab sozusagen lediglich das Versprechen ab, auf das eingezahlte Geld gut aufzupassen.

Auf den ersten Blick ist die Massenflucht in Staatstitel durchaus rational. Wenn der Risikoappetit komplett aus dem Markt verschwunden ist, legt man sein Geld eben in weniger riskanten Wertpapieren an. Doch die Wahrnehmung von Staatsanleihen aus westlichen Industrienationen als der sichere Hafen im unruhigen Börsenmeer ist schlicht falsch. Ihr Wert ist zwar im Vergleich zu anderen Wertpapieren wie etwa Aktien wesentlich weniger schwankungsanfällig. Die Verzinsung auf dem niedrigen Finanzkrisenniveau hat aber vor allem den Effekt, dass der Sicherheitsabstand zur Verlustzone geringer geworden ist.

Die größten Feinde der Geldanlage in Anleihen sind Inflation und Steuern – beide nagen an der Rendite. Nähert sich der Preisauftrieb seinem mehrjährigen Durchschnitt, bleibt von der niedrigen Rendite in Krisenzeiten schon so gut wie nichts mehr übrig. Den Rest nimmt sich dann der Fiskus über die Abgeltungsteuer. Ganz zu schweigen davon, dass mit einer steigenden Inflation auch die Marktzinsen wieder nach oben gehen – für investierte Anleger bedeutet dies, dass sich der Preis für ihre Anleihen im Gegenzug verbilligt. Dem Preisverfall kann man sich dann nur entziehen, indem man die Anleihen bis zum Zeitpunkt der Fälligkeit hält, an dem der Staat das eingezahlte Geld zurückzahlt.

In den Zeiten des herbstlichen Chaos 2008 und den Monaten danach geriet das Risiko von Staatsanleihen jedoch völlig aus dem Blick. Aktien wurden verkauft, weil alle ihre Aktien verkauften. Bundesanleihen und Sparanlagen mit Staatsgarantie wurden gekauft, weil sich alle darauf stürzten. Die Gefahr erschließt sich allerdings auch nicht auf den ersten Blick. Die Blase bei Staatsanleihen und Spareinlagen platzt, wenn die Inflation anspringt. Zugegeben: Es ist schwer zu verstehen, wie ein Sparbrief mit einem Zinssatz von 3 Prozent einen Verlust einbringen kann. Der Anstieg des allgemeinen Preisniveaus ist zunächst nur ein abstrakter Vorgang. Man muss sich dann vorstellen, mit einem Sparbrief oder einer Anleihe im Supermarkt zu bezahlen. Wenn sämtliche Nahrungsmittelpreise um mehr als 3 Prozent steigen, geht es rasch an die Substanz des Ersparten – die Inflation hat dann schon die gesamte Verzinsung aufgefressen.

Übertreibungen nach oben wie nach unten gehören zum Wesen von Kapitalmärkten. Die Alternative wäre Erstarrung – was sicher auch keine angenehme Vorstellung ist. Die Kunst besteht darin, sich außerhalb der Masse zu stellen: Nicht in vermeintliche sichere Staatsanleihen flüchten, wenn dies alle anderen für richtig halten, sondern nach vielversprechenden Aktien schauen. Sich gegen die Bewegung der Herde zu stellen, verlangt jedoch Standfestigkeit und Mut.

Es genügt schon ein Seitenblick auf das Verhalten von professionellen Fondsmanagern, um zu sehen, wie schwierig eigenständiges Denken und Handeln ist. Je weiter sich Fondsmanager nämlich vom Marktkonsens entfernen, umso größer wird die Gefahr, auf dem falschen Fuß erwischt zu werden. Denn wenn die Wette schiefgeht, steht man ziemlich allein da. Im besten Fall gilt der betroffene Vermögensverwalter dann als glücklos; im schlimmsten Fall läuft die Kundschaft zur Konkurrenz über, die sich wenigstens im Marktdurchschnitt halten konnte. Damit wird das Mitläufertum in der Herde sogar noch belohnt. Keiner setzt sich gern Hohn und Spott aus. Deshalb lieber dem Trend folgen und dann so gut oder so schlecht wie alle anderen abschneiden.

Unglücklicherweise hat diese Verhaltensweise in den vergangenen Jahren noch zugenommen. Es ist nicht nur das irrationale Verhalten von Privatanlegern, zu kaufen, wenn es teuer ist, und zu verkaufen, wenn die Preise purzeln. Immer mehr versuchen auch professionelle Marktakteure, mit speziellen Anlagemodellen diese Trends zu verstärken. Riesige Summen werden inzwischen mittels Trendfolgemodellen in den Markt gepumpt. In diesem Vorgehen ist eine der wesentlichen Ursachen zu finden, weshalb die Übertreibungen an den Finanzmärkten nach oben wie nach unten in den vergangenen Jahren so drastisch zugenommen haben. Nichts ist dieser Anlagestrategie mehr zuwider als eine stabile, sich seitwärts bewegende Kursentwicklung. Sie brauchen eine ausgeprägte Bewegung – ob die Kurse nach oben oder nach unten gehen, ist dabei egal. In der modernen Finanzwelt gibt es die passenden Instrumente, um auch an fallenden Kursen zu verdienen.

Gefördert wird das Herdenverhalten schließlich vom bekannten Systemfehler in der Anlageberatung: Berater, die von der Provision leben, haben kein Interesse daran, Anlegern in schwierigen Börsenzeiten auch einmal zu empfehlen, die Füße still zu halten, wenn dies sinnvoll erscheint. Vielmehr erleichtert ihnen der psychologische Druck, der in kräftigen Auf- und Abwärtsbewegungen entsteht, die Argumentation: Man kann doch nicht tatenlos zusehen, wie sich die Verluste anhäufen; man muss doch etwas tun. Neuabschlüsse bringen ihnen mehr Geld als laufende Bestandsprovisionen – diesen Effekt sollte man immer im Hinterkopf behalten.

Dummerweise gibt es auch einige bekannte Börsensprüche, die das Herdenverhalten fördern. „Greife nie in ein fallendes Messer", lautet eine dieser eher grenzwertigen Regeln.

Selbstverständlich weiß niemand, auf welchem Niveau sich in einer Baisse ein Aktienkurs wieder zu stabilisieren beginnt. Darauf spielt der Spruch auch an. Doch wenn sich alle Marktteilnehmer daran halten würden, wäre in jedem Abwärtstrend ein Preis von Null der Boden, von dem aus dann wieder eine Kurserholung stattfinden kann. Das ist albern, denn schon lange vorher finden sich Investoren, die zu einem ihrer Ansicht nach guten Preis beherzt zugreifen – auch auf die Gefahr hin, dass es noch etwas weiter nach unten geht. Ist die Lage an den Märkten wirklich zu unsicher, teilen diese Investoren ihren Einsatz eher noch in mehrere kleine Portionen auf, als ganz auf den Einstieg zu verzichten. Damit können sie über einen längeren Zeitraum nach und nach zukaufen, was ihr Risiko mindert, völlig auf dem falschen Fuß erwischt zu werden.

Einkaufen zu Angebotspreisen bei geringer Nachfrage, verkaufen zu Knappheitspreisen bei hoher Nachfrage – ein solches Vorgehen zeichnet den erfolgreichen Kaufmann aus: Der Gewinn entsteht beim Einkauf. Auch Privatanleger halten sich im Alltagsleben weitgehend daran. Die bunten Angebotszettel der großen Supermärkte, die am Wochenende im Briefkasten zu finden sind, erfreuen sich eines regen Interesses. Inzwischen hat sich dabei auch eingebürgert, den prozentualen Abschlag vom Normalpreis anzugeben. Wenn die Flasche Ramazzotti für 20 Prozent unter dem ursprünglichen Preis im Regal steht, ist dies für Freunde des italienischen Kräuterlikörs ein Grund zuzugreifen. Wenn ein Textilgeschäft aufgibt und zum Räumungsverkauf die Preise halbiert, ist das für Freunde teurer Garderobe ein Grund zuzugreifen. Wenn sich jedoch die Aktie des Medizintechnikunternehmens Fresenius Medical Care trotz des stabilen Geschäftsmodells – die künstliche Niere wird in guten wie in schlechten Zeiten gebraucht – innerhalb eines Jahres um knapp 30 Prozent verbilligt, bleiben Anleger lieber fern. Oder sie zweifeln angesichts der Hintergrundgeräusche aus katastrophalen Meldungen über die wirtschaftliche Lage an ihrem eigenen Urteilsvermögen, werfen ihre Position schließlich entnervt auf den Markt und nehmen einen Verlust in Kauf.

Dass ausgerechnet das eigene Geld in der Vermögensanlage häufig zu Angebotspreisen verschleudert und zu Knappheitspreisen vermehrt werden soll, ist eines der großen Phänomene menschlichen Verhaltens. Eines ist aber sicher: Künstlicher Aktionismus schadet nur, und Mitläufertum wird in der Vermögensanlage nicht belohnt.

SCHLUSSFOLGERUNGEN

- Wer sich mit dem Markt bewegt,
  kauft zu teuer und verkauft zu billig.
- Nerven behalten in Abwärtsbewegungen.
- Mut zum Verkaufen beweisen bei
  Aufwärtsbewegungen.

FEHLER NUMMER DREI

Erfolgsrezepte aus der Vergangenheit müssen keine Erfolgsrezepte für die Ewigkeit sein. André Kostolany war als ein Altmeister der Börse nicht zuletzt für seinen Ausspruch bekannt, man solle doch eine Aktie nach dem Kauf einfach im Depot liegen lassen und sich dann in ferner Zukunft über kräftige Kursgewinne freuen. Der Grundgedanke hinter dieser Regel ist immer noch nachvollziehbar. Es geht darum, als Anleger nicht jede Welle im Auf und Ab der Börsenkurse mitzureiten. Dieses Vorgehen macht es für Privatanleger möglich, die Nachteile gegenüber den großen Mitspielern an der Börse zu glätten. Über einen kurzfristigen Zeitraum ist das nämlich kaum zu schaffen. An die Börse zu gehen ist das Gleiche, als würde man gegen Mike Tyson in den Ring steigen, sagte einmal ein kluger Mensch. In beiden Fällen kommt es darauf an, gegen einen überlegenen Kontrahenten zu überleben.

Um Geduld geht es also bei Kostolanys populärem Spruch vom Kaufen und Halten – eine Charaktereigenschaft, die auch an der Börse zuweilen eine Tugend sein kann. Allerdings stammt der Ausspruch aus einer Zeit, als der deutsche Aktienmarkt schon für Aufregung sorgte, sobald sich der Leitindex nur um 0,5 Prozent nach oben oder unten zu bewegen begann. Die Umstände haben sich seither gravierend verändert. Inzwischen sind die Kurse an den Aktienmärkten wesentlich schwankungsanfälliger als zu Kostolanys Zeiten. Bewegt sich der Dax um 0,5 Prozent, gilt das heutzutage schon als ruhiger Handelstag.

Gleichzeitig hat über die Jahre die Stabilität einzelner Unternehmen wie auch ganzer Branchen gelitten. Eine Börsennotierung ist kein Ausweis für Unverletzlichkeit. Mittlerweile ist es sogar schon gefährlich, ein Wertpapier einfach ins Depot zu legen und danach über Jahre nicht mehr anzuschauen. Viele Anleger haben in den vergangenen Jahren die Erfahrung gemacht, dass dieses Vorgehen kein kleines Vermögen einbringt, sondern dass sich stattdessen eine Menge Depotleichen ansammeln können.

Zum ersten Mal deutlich sichtbar wurde die Zeitenwende mit dem Aufkommen des Neuen Marktes. Die Börse war plötzlich nicht mehr nur die Spielwiese der Großkonzerne im Lande, die sich über die Börse mit dem notwendigen Eigenkapital ausstatteten und die Aktionäre dafür am Gewinn beteiligten. Vielmehr wurde die Zugangsschwelle zum Kapitalmarkt so niedrig gelegt, dass schon eine originelle Geschäftsidee und ein paar findige Investmentbanker genügten, um den Sprung an die Börse zu schaffen. Der Nachweis eines erwirtschafteten Gewinns war plötzlich nicht mehr notwendig. Viele Börsenneulinge ließen sich vielmehr in die Rolle von Risikokapitalgebern drängen.

Mit fehlender Erfahrung an den Börsen konnte diese Entwicklung in den Monaten des irrationalen Überschwangs
durchaus als normal empfunden werden. Und solange die
Kurse nur eine Richtung kannten, nämlich nach oben,
schien auch alles in bester Ordnung zu sein. Es dauerte
jedoch nicht lange, bis sich das Wachstum des Neuen
Marktes als eine Abwandlung des beliebten Spiels „Reise
nach Jerusalem" herausstellte. Als nämlich plötzlich die
Musik aufhörte zu spielen, fanden nicht mehr alle Mitspie-
ler rechtzeitig einen Platz. An der Börse hieß das: Als sich
unter den Anlegern irgendwann wieder die Erkenntnis
durchsetzte, dass immer noch Unternehmensgewinne der
entscheidende Treiber für den Kursverlauf einer Aktie sind,
fanden sich keine Abnehmer mehr, die die Anteilsscheine
zu den überhöhten Einstiegspreisen kaufen wollten. In vielen Depots sammelten sich daraufhin abgestürzte Höhen-
flieger, Pleitekandidaten und auch der eine oder andere
Betrüger – ohne Aussicht auf eine Rückkehr in einstige
Kurshöhen.

Das Geld der Anleger ging aber nicht nur verloren, wenn
sich überschaubare Geschäftsmodelle nach den ersten
Monaten als nicht tragfähig erwiesen. In den Jahren nach
der Jahrtausendwende bildeten sich auch hoffnungslose
Aktienpositionen jenseits der kleinen Wachstumswerte.
Den Anfang machte 2001 der Enron-Konzern. Der riesige
amerikanische Energiehändler verhob sich und verschwand
komplett von der Bildfläche – mit ihm lösten sich mehrere
Milliarden Dollar an Marktkapitalisierung in Luft auf.

48 Für deutsche Privatanleger entwickelte sich die Aktie der Deutschen Telekom zu einer riesigen Enttäuschung. Mit viel Tamtam wurde sie Ende der neunziger Jahre an die Börse gebracht. Nach einem kurzzeitigen Höhenflug hat sich der Kurs des vermeintlichen Witwen-und-Waisen-Papiers unter dem Ausgabepreis eingerichtet. Die Enttäuschung darüber sitzt vielen potentiellen Aktionären tief in den Knochen. Sie haben es deshalb bis heute noch nicht geschafft, die T-Aktie lediglich als so etwas wie eine Eintrittskarte in die Börsenwelt zu betrachten – als ein willkommener Anlass, um sich in dieser Welt einmal genauer umzuschauen. Wenn sich die Telekom schon als Tieffliager an der Börse erweist, gibt es rundherum schließlich genug andere Unternehmen, die mit dem Geld ihrer Aktionäre etwas Besseres anfangen können. Man muss sich nur einmal näher damit beschäftigen.

Leider spielt aber vielen Anlegern an diesem Punkt die Psychologie einen Streich: Der Verkauf eines Wertpapiers mit Verlust wird häufig als Eingeständnis wahrgenommen, einen Fehler gemacht zu haben. Diese Wahrnehmung bezieht sich dann nicht nur auf die einzelne Aktie mit einer enttäuschenden Wertentwicklung, sondern auf die Aktie als Anlageform an sich. Statt also in Wertpapiere mit einem ähnlichen Chance-Risiko-Profil umzuschichten, wird dann lieber erst einmal ein „sicherer Hafen" für das Geld gesucht: Tagesgeld, Sparbuch, Bundesschatzbrief. Das Ergebnis eines solchen Vorgehens ist allerdings, dass am Aktienmarkt nur die Bewegung nach unten mitgenommen wird.

Richtig Schwung in die neue Börsenwelt der kleinen und großen Abstürze kam durch die hartnäckige Finanzkrise, die Mitte 2007 mit einem Austrocknen der Kreditmärkte begann. Es ist dabei nicht der schnelle Totalverlust, den Anleger in manchen ihrer Aktienpositionen hinnehmen müssen. In den meisten Fällen ist es ein schleichender Prozess, der bis zur kompletten Wertlosigkeit führt. Der Halbleiterkonzern Infineon wurde noch während seiner Mitgliedschaft im wichtigsten deutschen Börsenbarometer Dax zum sogenannten Penny-Stock – war also eines Tages plötzlich weniger wert als ein Euro. Die Strategie „Kaufen und halten" ist in solch hoffnungslosen Fällen kontraproduktiv. Das vergrößert nur den Verlust. Die Lösung lautet: Lieber wenig bekommen als gar nichts.

Besonders drastisch traf es in der aufziehenden Finanzkrise die Banken. Schon in der Kindheit bekommt man beim Monopoly-Spielen eingeimpft, dass die Bank immer gewinnt. Plötzlich schien diese Regel jedoch nicht mehr zu stimmen. Dem Abwärtsstrudel konnte sich keine Bank entziehen. Betroffene private Aktionäre der Großbanken verfolgten schockiert, wie die Anteilsscheine selbst namhafter Adressen von der Wertlosigkeit nicht mehr weit entfernt waren. Die Commerzbank als das herausragende Institut im Frankfurter Stadtbild – sie sitzt schließlich im höchsten Turm – rettete sich gar in die Arme des Staates.

Ihre Aktionäre mussten Anfang 2009 nicht nur die Verluste verkraften, sondern wurden auch noch dem Gespött der

Leute preisgegeben. Ein Spaßvogel machte zu jenem Zeitpunkt folgende Rechnung auf: Anderthalb Jahre zuvor kaufte ein Anleger ein Aktienpaket der Commerzbank im Wert von 1.158,48 Euro. Danach verloren die Anteilsscheine in rasantem Tempo an Wert, so dass zum Zeitpunkt der Abrechnung nur noch 215,28 Euro übrig waren. Wenn der Anleger jedoch 18 Monaten zuvor in Krombacher Pilsener für 1.158,48 Euro investiert hätte, hätte er anderthalb Jahre lang jede Woche einen Kasten gutes Bier genießen können und dabei höchstwahrscheinlich viel Spaß gehabt. Nach der damaligen Werbung hätte er sogar bei der Rettung des Regenwaldes mitgeholfen – und wäre zum Schluss mit 223,30 Euro für das Leergut noch besser weggekommen als mit dem Commerzbank-Aktienpaket. Hätte, wäre, wenn: Hinterher ist man immer schlauer. Allerdings trinkt auch nicht jeder Commerzbank-Aktionär gern Bier und nicht jeder Biertrinker gern Krombacher.

Man kann ungläubig den Kurssturz großer Banken verfolgen – oder wie ein geübter Fallschirmspringer im richtigen Moment die Reißleine ziehen. Das ist nicht einmal mit großem Aufwand verbunden, sondern nur mit ein klein wenig Disziplin. Zur Absicherung wird der Bank beim Kauf einer Aktie einfach ein Kurs genannt, bis zu dem die Aktie höchstens fallen darf. Diese Schwelle kann je nach Verlustverträglichkeit 10 Prozent und mehr unter dem Einstiegskurs liegen. Wird sie berührt, wird automatisch verkauft. Im Fachjargon heißt das: einen Stop-Loss-Kurs setzen. Das mag zuweilen schmerzhafte Erfahrungen mit sich bringen – gerade wenn eine solche Schwelle kurz nach dem Einstieg gleich in mehreren Aktienpositionen gerissen wird und nichts anfällt außer Verluste, Verluste, und nochmals Verluste. Doch immerhin verhindert der Mechanismus noch höhere Abschläge. Es ist ein klassischer Fehler, dass die meisten Anleger ohne eine solche Notbremse unterwegs sind.

Aber auch bei der Bewegung nach oben sollte in regelmäßigen Abständen der aktuelle Stand überprüft werden. Viele Verlierer des Kursrutsches nach der Jahrtausendwende hatten sich zwischenzeitlich noch über hohe Gewinne gefreut. Doch leider standen die eben nur auf dem Papier. „Wenn sich der Kurs verdoppelt, soll man einfach damit zufrieden sein", zog ein Freund seine Lehre aus dem Geschehen. Mittlerweile ist es zwar nicht mehr so leicht, auf Aktien zu stoßen, die mal eben ihren Wert verdoppeln. Aber die Erfahrung lautet, dass ein Gewinn tatsächlich erst anfällt, wenn die Aktie verkauft ist. Was man nach der Gewinnrealisierung wiederum tunlichst unterlassen sollte, ist, der Aktie hinterherzublicken und sich über entgangene Gewinne zu ärgern. Mit dem Verkauf ist das Geld tatsächlich geflossen und nicht nur auf dem Papier vorhanden. Was Papier wert ist, hat die Finanzkrise anschaulich gezeigt.

Doch nicht nur Aktienpositionen sollten regelmäßig daraufhin überprüft werden, ob die Kaufargumente zum Zeitpunkt des Einstiegs noch gültig sind oder ob mittlerweile vielleicht der Zeitpunkt für einen Ausstieg gekommen ist. Um unangenehme Überraschungen möglichst frühzeitig zu erkennen, muss auf sämtliche Wertpapierformen ein regelmäßiger Blick geworfen werden – auch wenn die gewählte Anlage noch so sicher anmutet.

Unvergessen bleibt der Ärger mit Argentinien-Anleihen Ende der neunziger Jahre. Mit Zinskupons in zweistelliger Höhe entwickelten sie sich zunächst zu einem Bestseller unter vermögenden deutschen Anlegern. Wurde doch einmal vorsichtig nachgefragt, ob die Sache nicht irgendeinen Haken hat, bekam man nicht selten vom Bankberater die Gegenfrage gestellt: „Haben Sie schon einmal einen Staat dieser Größenordnung pleitegehen sehen?" Der südamerikanische Staat ging letztlich pleite – ein Zahlungsausfall in einer bis dahin noch nicht gesehenen Dimension. Irgendwann ist immer das erste Mal. Was folgte, war eine aus Anlegersicht schmerzhafte Umschuldung, mit der Argentinien zumindest einen kleinen Teil der gewährten Kredite wieder zurückzahlte. Doch das meiste eingesetzte Geld war unwiederbringlich verloren.

Der Zahlungsausfall eines Anleiheemittenten vollzieht sich allerdings selten ohne Vorwarnung. Es gibt immer ein paar Leute auf dem Markt, die etwas schlauer sind als die anderen. Diese Leute mit den besonders guten Informationsquellen werden ziemlich schnell aktiv, wenn sie erste Anzeichen von Zahlungsschwierigkeiten heraufziehen sehen. Automatisch geraten daraufhin die Kurse sämtlicher Anleihen des betroffenen Schuldners in Bewegung. Wenn Privatanleger solche ungewöhnlichen Ausschläge bei einem einzelnen Emittenten erst auf ihrem Depotauszug und dann bei der tiefergehenden Recherche an einer Börse mit Anleihehandel beobachten, ohne dass die allgemeine Nachrichtenlage irgendetwas zur Begründung hergibt, sollten sie auf jeden Fall aufhorchen und möglicherweise rasch reagieren.

Die Entscheidung für die Notbremse in einer noch unübersichtlichen Lage muss letztlich vom Anleger selbst kommen. Denn Berater befinden sich in solchen Situationen in einem Dilemma: Raten sie einem Kunden zum Ausstieg, macht dieser vielleicht einen kleinen Verlust und ist unzufrieden, wenn sich eine ungewöhnliche Kursbewegung als Fehlsignal entpuppt; lässt man dagegen die Positionen des Kunden unangetastet, läuft er zwar direkt ins offene Messer – dann kann aber darauf verwiesen werden, dass er von den Ereignissen überrollt wurde und wie so viele andere auch in eine Falle getappt ist. Wie so häufig im Leben wird dann eher der Weg des geringsten Widerstands gewählt.

Vermeintliche Sicherheit versprachen auch die schon erwähnten Garantiezertifikate der Investmentbank Lehman Brothers, die vor allem von Sparkassen an vertrauensselige Privatkunden verkauft wurden. Die Lehman-Bank ist mittlerweile aufgelöst – die betroffenen Anleger halten nur noch eine leere Hülle in der Hand. Warum ausgerechnet biedere Sparkassen die Lehman-Zertifikate verkauften? Die von der amerikanischen Investmentbank gezahlten Verkaufsprovisionen lagen einfach über den Vergütungen der zahlreichen Zertifikate-Emittenten aus dem eigenen Sparkassen-Lager.

Auch Fondssparer mussten sich im Laufe der Finanzkrise von manch lieb gewonnener Gewissheit verabschieden. Dazu gehört beispielsweise die pauschale Sichtweise, dass es sich bei Geldmarktfonds um sichere Parkplätze für gerade nicht benötigtes Geld handelt. Jahrelang erfüllten diese Geldanlageprodukte tatsächlich treu und zuverlässig diese Funktion. Die Verzinsung lag wenigstens auf Sparbuchniveau – dafür war das eingezahlte Geld aber jederzeit verfügbar und musste nicht erst gekündigt werden. Doch mit der Wirtschaftskrise nach der Jahrtausendwende fielen die Marktzinsen in bis dahin noch nicht gesehene Tiefen. Die Wettbewerbsfähigkeit der Geldmarktfonds – etwa zu den konkurrierenden Tagesgeldangeboten der Banken – litt zusehends. Einige Anbieter begannen daraufhin, ihren Fonds auch Wertpapiere beizumischen, die dort nicht unbedingt hineingehören, um wenigstens eine kleine Extraportion Rendite zu ergattern. Dazu gehörten insbesondere verbriefte Kredite, die sich in der Finanzkrise als hochriskante Anlageform herausstellten, weil sie von einem Tag auf den anderen nicht mehr gehandelt werden konnten.

Besonders hart erwischte es Kunden der Hypo-Vereinsbank-Fondsgesellschaft Activest. Ihrem Fonds „Euro Geldmarkt Plus" war auf dem ersten Blick nicht anzusehen, dass er weniger in den klassischen Geldmarktinstrumenten wie Staatsanleihen mit Restlaufzeiten von wenigen Monaten unterwegs war. Das „Plus" im Namen wurde von vielen Anlegern auf den stetig überdurchschnittlichen Wertzuwachs bezogen. Tatsächlich war die Bezeichnung als Warnung zu verstehen, wie sich in der Finanzkrise herausstellte. Der Fonds ging nämlich deutlich über das übliche Instrumentarium eines Geldmarktfonds hinaus und pumpte sich mit Kreditverbriefungen voll. Was bei Geldmarktfonds bis dahin undenkbar schien, wurde plötzlich Realität: Der Activest-Fonds wies über einen Zeitraum von zwölf Monaten einen Verlust aus. Nur Kunden des Fonds, die umgehend reagierten, kamen weitgehend ungeschoren davon. Wer sich auf das Versprechen von den sicheren Geldmarktfonds verließ und die Krise aussitzen wollte, sah sich schließlich mit Verlusten im zweistelligen Prozentbereich konfrontiert.

Selbst mit einem einfachen Sparkonto lässt sich ein Verlust einfahren, wenn der regelmäßige Blick auf den Kontostand vernachlässigt wird. Ein guter Bekannter eröffnete einst „nur so zum Spaß" ein Konto in Luxemburg – weil er gerade in der Gegend war und es wegen der Einführung des Sparerfreibetrags 1993 als schick galt. Nach dem Ausfüllen der Unterlagen zahlte er 100 Mark ein und verschwendete danach keinen Gedanken mehr an dieses Geld.

Ungefähr zehn Jahre später führte sein Weg wieder in das kleine Großherzogtum. Er erinnerte sich an das Sparkonto, fand die einstige Idee nicht mehr sonderlich originell und ging wieder in die Bankfiliale, um seine nun rund 50 Euro plus Zinsen abzuheben. Doch statt sein Geld zu bekommen, musste er noch 30 Euro nachzahlen, um das Sparkonto wieder aus der Welt zu schaffen. Die Kontoauszüge konnten in den vorangegangenen Jahren nicht mehr zugestellt werden, weil er inzwischen umgezogen war. Dafür wurde eine Aufbewahrungsgebühr fällig – und die zehrte erst das ganze Guthaben und dann noch einiges darüber hinaus auf.

Solche grotesken Fälle mögen die absolute Ausnahme sein. Generell geht es aber darum, jede Position im Wertpapierdepot selbst im Blick zu behalten und eine klare Linie zu ziehen, die nicht unterschritten werden darf. Im Falle von Aktien ist das die Angabe eines Kurses, bei dem automatisch verkauft wird. Bei anderen Geldanlageformen sollte umgehend reagiert werden, wenn sich eine wesentliche Veränderung der ursprünglichen Rahmenbedingungen abzeichnet.

Die Börsenwelt hat sich beschleunigt seit jenen Zeiten, aus denen Kostolanys Postulat vom Kaufen und Halten stammt. Geduld ist für Anleger auch heute noch eine Tugend, aber mit eingezogenem Sicherheitsnetz. Der regelmäßige Blick auf die Haltbarkeit dieses Sicherheitsnetzes bedeutet keinen übermäßigen Aufwand und ist noch dazu bares Geld wert. Wenn sich der Privatkundenberater mit seinen Ideen für fällige Umschichtungen in neue Investmentfonds oder Zertifikate meldet, ist es meistens entweder zu früh oder zu spät.

SCHLUSSFOLGERUNGEN

- Rückschläge nie verallgemeinern – wenn eine Aktie enttäuscht, sind nicht gleich alle Aktien schlecht.
- Stop-Loss-Kurse sind eine unverzichtbare Notbremse.
- Regelmäßig einen Blick auf den Depotauszug werfen.

FEHLER NUMMER VIER

Im Film hat der Zeitpunkt, an dem alle Fäden der Handlung zusammenlaufen und sich das Schicksal des Helden in wenigen Minuten entscheidet, unbestreitbare Vorteile. Er hält die Spannung aufrecht und das Publikum vor der Leinwand. Erfreulicherweise führt im amerikanischen Hollywood-Kino der Höhepunkt zum Schluss dann sogar meistens zu einem glücklichen Ende. Handlungsabläufe im Film haben außerdem den Vorteil, dass sie einem Drehbuch folgen – was Überraschungen weitgehend ausschließt.

Im wirklichen Leben muss man dagegen ohne vorgezeichnete Wege auskommen. Erwartungen erfüllen sich nicht immer. Für die Geldanlage bedeutet dies: Im Gegensatz zum Film ist nichts schlimmer, als wenn es zu einem Showdown kommt, bei dem sich in wenigen Momenten der Verbleib des ganzen eingesetzten Geldes entscheidet. Risikobegrenzung bedeutet vor diesem Hintergrund Risikostreuung. Dieser einfache Grundsatz wird allerdings regelmäßig missachtet.

Durch die provisionsgetriebene Beratung gleichen Wertpapierdepots eher einem Tagebuch der Vertriebsoffensiven von Banken, Sparkassen und den Anbietern von Geldanlageprodukten, mit denen sie dabei zusammenarbeiten. Schwellenländer-Aktienfonds finden sich neben Rohstoff-Aktienfonds und irgendwelchen Expresszertifikaten, die alle eines gemeinsam haben: Geht es am Aktienmarkt nach unten, rauscht der Wert des Kundendepots unmittelbar hinterher. Eine klug zusammengesetzte Vermögensaufteilung sorgt dagegen dafür, dass Kursverluste an einem Ende des Marktes durch Gewinne an einem anderen Ende wenigstens gedämpft werden.

Die Stellschrauben, an denen gedreht werden kann, sind durchaus übersichtlich angeordnet. Zur Verfügung stehen die klassischen Anlageformen Aktien, Anleihen und Liquidität. Auch professionelle Vermögensverwalter machen häufig nicht viel mehr, als das Geld ihrer Kunden zwischen diesen drei Polen hin und her zu schieben. Hinzu kommt vielleicht noch Immobilienvermögen – direkt in Häusern oder indirekt über Fonds gehalten. Auch Rohstoffe erfreuen sich als alternative Geldanlageform zunehmender Beliebtheit. So entfaltet gerade Gold in wirtschaftlich schwierigen Zeiten traditionell seinen ganz besonderen Reiz.

Schon die grundsätzliche Entscheidung über die Aufteilung des eingesetzten Geldes auf diese unterschiedlichen Anlageformen bestimmt die Richtung, in die sich die Wertentwicklung künftig bewegt. Wird das ganze Geld in Aktien angelegt, muss man als Anleger vor allem gute Nerven mitbringen, weil das Depot äußerst schwankungsanfällig allen Bewegungen des Marktes nach oben und unten folgt. Wird das ganze Geld dagegen in sichere Staatsanleihen oder Immobilien gesteckt, fallen die Schwankungen zwar geringer aus – aber bezahlt wird das geringere Verlustrisiko auch mit geringeren Wertzuwächsen in Phasen eines wirtschaftlichen Aufschwungs. Ganz sicher liegt das Geld auf dem Sparbuch oder dem Tagesgeldkonto. Allerdings sollte dies lediglich eine Durchgangsstation sein, denn die Verzinsung ist im Normalfall so niedrig, dass man nach Steuern und Inflation als Anleger gelegentlich sogar draufzahlt – Verlust trotz Staatsgarantie sozusagen.

Viele Spielarten haben sich in den vergangenen Jahren zu den klassischen Anlageformen hinzugesellt. Außerbörsliche Beteiligungen versprachen Erträge auch in schwierigen Börsenzeiten, ebenso die in ihrer Bewegungsfreiheit an den Finanzmärkten kaum eingeschränkten Hedge-Fonds – und priesen sich als unverzichtbare Vermögensbausteine an. Terminkontrakte sollten wertvolle Zusatzerträge bei einem überschaubaren Risiko bringen.

Von diesem ganzen Portfoliospielzeug hat sich im Härtetest der Finanzkrise nur ein Bruchteil bewährt. Es gleicht der berühmten Suche nach der Nadel im Heuhaufen, um die wenigen Gewinner unter den vielen Verlierern ausfindig zu machen. Für interessierte Laien bringt das einen unverhältnismäßigen Aufwand mit sich. Wesentlich mehr Ertrag zu einem überschaubaren Aufwand verspricht da die Rückbesinnung auf die wesentlichen Anlageformen: Aktien, Anleihen, Sparanlagen, Immobilien, Gold.

Wer sein Vermögen in diesem Moment *nur* in Aktien, *nur* in Anleihen, *nur* auf dem Sparbuch, *nur* in Immobilien oder *nur* in Gold investiert hat, sollte schleunigst aktiv werden. Übertragen auf die Rennbahn bedeutet dies: Das ganze Geld ist nur auf ein Pferd gesetzt worden, und das muss nun unbedingt gewinnen. Die Kunst der Risikostreuung in der Vermögensanlage besteht darin, zunächst die richtige Mischung zwischen den unterschiedlichen Anlageformen zu finden. Was Anleger dazu allerdings unbedingt brauchen, ist eine eigene Meinung: In welche Richtung dürfte sich der Markt kurz-, mittel- oder langfristig bewegen – und wie hoch ist eigentlich die eigene Risikobereitschaft?

Gerade diese wichtigen Entscheidungen werden im Normalfall dem netten Bankberater überlassen – leider zu oft mit dem Ergebnis, dass dann einfach dem Kunden ins Depot gelegt wird, was gerade den Massengeschmack trifft. Mit Risikostreuung hat dieses Vorgehen jedoch nichts zu tun. Es ist vielmehr die Ursache für das Trümmerfeld, dem viele Anlegerdepots gerade in der Finanzkrise mit dem Kursabsturz am Aktienmarkt gleichen.

Generell sollte die Frage lauten: Brauche ich das Geld in absehbarer Zeit, um beispielsweise ein Haus anzuzahlen, oder wird das Geld über einen längeren Zeitraum nicht benötigt? Sich über diese Frage Gedanken zu machen ist wesentlich sinnvoller, als sich von der Bank befragen zu lassen, ob man eher der aggressive oder der konservative Anlegertyp sein könnte. Stellt sich nach einer Phase gründlichen

Nachdenkens heraus, dass das Geld auf absehbare Zeit erst einmal nicht benötigt wird, können mehr schwankungsanfällige Wertpapiere wie beispielsweise Aktien ins Portfolio aufgenommen werden. Ist dagegen absehbar, dass das Geld in spätestens fünf Jahren gebraucht wird, sollte ein Großteil in sicheren Zinspapieren wie Bundesanleihen oder Sparbriefen liegen.

Allein wer sich schon solche Gedanken macht und entsprechende Schlussfolgerungen zieht, handelt überlegter als die große Masse der Anleger – und lässt sich nicht mehr allzu leicht schockieren. Schon mit 20 Prozent des Vermögens in Risikopapiere zu gehen, kann den Rest des Depots in der Wertentwicklung spürbar mit nach oben ziehen. So können in normalen Aufwärtsbewegungen an den Aktienmärkten aus 3 Prozent Tagesgeldverzinsung auch schon einmal 10 Prozent Wertzuwachs dank der kleinen Aktienbeimischung werden. Umgekehrt geht das Depot bei einer Abwärtsbewegung nicht gleich mit in die Knie, sondern kann sich nahe der Nulllinie halten – mit allen Chancen nach oben in zwischenzeitlichen Erholungsphasen.

Automatisch ist damit der Verbleib des eingesetzten Vermögens nicht mehr von einer großen Wette abhängig. Dieser einfache Effekt wird jedoch leider allzu häufig außer Acht gelassen. Obwohl es nur die fünf grundlegenden Anlageformen Aktien, Anleihen, Liquidität, Immobilien und Rohstoffe gibt, sehen viele Anleger den Wald vor lauter Bäumen nicht. Häufig haben sie sogar das Gefühl, ihr

Depot breit gestreut zu haben – allerdings wird dabei Produktvielfalt mit Risikostreuung verwechselt.

Nach der Pflicht – der Aufteilung auf die unterschiedlichen Anlageformen – folgt die Kür: Die Auswahl der Einzeltitel. Wer die Kunst der Differenzierung beherrscht, ist dabei im Vorteil. Natürlich halten sich die beschriebenen Segnungen der Risikostreuung in Grenzen, wenn sich die gerade vorgenommene Grundausrichtung der Anlageformen dann in nur einer Aktie, einer Anleihe und dem Sparkonto bei einer wackeligen Bank niederschlägt. Auch innerhalb der Anlageform selbst gibt es größere Unterschiede.

Am deutlichsten sichtbar wird dies in der Aktienanlage. Die Märkte sind so bunt und breit gefächert, dass sich selbst in der schlimmsten Wirtschaftskrise immer noch ein kleines Segment finden lässt, in dem mehrheitlich Kursgewinne anfallen. Aktien lassen sich nach Regionen unterscheiden, nach Branchen, nach stabilen und weniger stabilen Geschäftsmodellen. Letztlich entscheidet die kurz- und mittelfristige Gewinnentwicklung eines Unternehmens darüber, ob der Kurs des entsprechenden Anteilsscheins besonders schwankungsanfällig oder vergleichsweise stabil ist.

Schwankungsanfällig sind vor allem Anteile an Unternehmen, die erst in Zukunft hohe Jahresüberschüsse versprechen und in der Gegenwart auf das Prinzip Hoffnung setzen. Für sie ist die Börse so etwas wie eine Sammelstelle für Risikokapital. Erfüllen sich die Erwartungen nicht, gehen alle Beteiligten leer aus. Ein klassisches Beispiel waren zuletzt die Solarwerte – Kursschwankungen von 5 Prozent am Tag waren bei ihnen keine Seltenheit. Anleger konnten mit einem Kauf dieser Aktien die Wette eingehen, dass der Branche in absehbarer Zeit ein technologischer Sprung gelingt, der es ihr ermöglicht, unabhängig von staatlichen Subventionen mit Sonnenenergie ein profitables Geschäft zu betreiben. So offensichtlich war das hohe Risiko in diesen Titeln, dass sich selbst der Vorstandsvorsitzende eines Solarunternehmens einmal verblüfft über eine Anruferin zeigte, die ihn bat, etwas gegen die Kursverluste zu tun – sie habe ihm schließlich ihre gesamte Altersvorsorge anvertraut.

Im Gegensatz dazu gelten Aktien als defensiv, wenn sie über ein Geschäftsmodell verfügen, das ihnen eine gewisse Preissetzungsmacht zubilligt und für neue Wettbewerber eine hohe Einstiegshürde darstellt. Ein klassisches Beispiel für diese Kategorie sind Energieversorger: Der Strom muss fließen, auch wenn sich das Land gerade in einer tiefen Rezession befindet. Und schon allein durch die Infrastruktur, die in diesem Geschäft benötigt wird, ist das Aufkommen neuer Wettbewerber eher unwahrscheinlich. Zwar werden auch die Substanzwerte in Abschwungphasen in Mitleidenschaft gezogen. Die Verluste fallen aber im Normalfall wesentlich geringer aus als bei Wachstumswerten.

An der Gewinnentwicklung der Unternehmen lässt sich auch ablesen, ob Aktien gerade billig oder teuer sind. So macht beispielsweise das Kurs-Gewinn-Verhältnis deutlich, wie häufig der Jahresgewinn je Aktie in den Kurs der Aktie passt. Je niedriger dieser Wert ist, umso günstiger ist der Einstieg. Im Sommer 2009 lag beispielsweise das Kurs-Gewinn-Verhältnis der Eon-Aktie auf der Basis des erwarteten Gewinns für das laufende Jahr bei rund 9. Gegenüber dem Wert von rund 16 zwei Jahre zuvor war das durchaus ein Angebot. Auch das Verhältnis vom Kurs zum Buchwert eines Unternehmens ist eine Bewertungsgröße, die eine Über- beziehungsweise Untertreibung an den Märkten anzeigen kann. Werden Aktien deutlich unter dem Buchwert des Unternehmens gehandelt, herrscht entweder ein tiefes Misstrauen gegenüber der Bilanzierungspraxis des Unternehmens vor, was Banken in der Finanzkrise zu spüren bekamen. Oder es herrscht eine Ausverkaufsstimmung an den Märkten, in der große Aktienpakete zu Angebotspreisen verschleudert werden.

Als eine hilfreiche Kennziffer für Privatanleger hat sich auch die Dividendenrendite erwiesen, die die Verzinsung des Einstiegskurses über die laufende Gewinnausschüttung widerspiegelt. Für Unternehmen mit einer stabilen Ausschüttungspolitik wie beispielsweise Ölkonzerne kann sie ebenfalls wie die wöchentlichen Angebote vom Supermarkt um die Ecke wirken. Anteile an Exxon oder Royal Dutch Shell mit einer Dividendenrendite von 4 Prozent sind ohne Zweifel ein Sonderangebot, wenn gleichzeitig die Verzinsung sicherer Geldanlagen wie etwa Bundesanleihen darunter liegt. Vorsicht ist lediglich bei hohen Dividendenrenditen von Unternehmen mit einer eher unstetigen Ausschüttungshistorie geboten. Da sich die Kennziffer auf die zuletzt gezahlte Gewinnausschüttung bezieht, wird in fal- lenden Kursen in manchen Fällen schon eine bevorstehende Kürzung vorweggenommen.

Wenig ist davon zu halten, als langfristig orientierter Privatanleger die Risiken der Aktienanlage durch komplizierte Derivatestrukturen zuzuspitzen oder abzufedern. Zwar lassen sich mit diesem Vorgehen im Idealfall Gewinne hebeln beziehungsweise sichern. Diese Spielerei lenkt aber vom Kern der Aktienanlage ab – nämlich der unternehmerischen Beteiligung. Die in der Finanzkrise sichtbar gewordenen Probleme haben nicht zuletzt in einer Abkoppelung der Marktentwicklung vom realen Wirtschaftsgeschehen ihren Ursprung.

Zwar können Käufe oder Verkäufe auf Termin durchaus sinnvoll sein. In der Praxis ist daraus aber ein Spielfeld für Leute geworden, die den positiven Effekt ad absurdum geführt haben und lieber zum Pokern gehen sollten. Optionen, Futures und alle möglichen Formen von Bonus- und Diskont-Strukturen sind keine Aktienanlage, sondern eine eigenständige Anlageform mit ganz neuen Risikoprofilen, die erst bei näherem Hinsehen sichtbar werden. Das Modell, mit dem Hin- und Herschieben von Zahlen Erträge zu erwirtschaften, hat in der Finanzkrise endlich seine Grenzen aufgezeigt bekommen.

Bei Anleihen sind Laufzeit, Währung, Verzinsung und das Ausfallrisiko der Emittenten der Schuldtitel die entscheidenden Parameter für die Auswahl. Zumindest beim Kauf von

Anleihen aus Industriestaaten müssen Anleger eigentlich nicht befürchten, dass sie ihr Geld am Ende der Laufzeit nicht wieder zurückgezahlt bekommen. Solche Schuldscheine sind deshalb in schwierigen Börsenzeiten stark nachgefragt. Ansonsten müssen Anleger mit einem bedeutenden Engagement in Zinspapieren vor allem die Inflation im Auge behalten. Weil die Rückzahlung nach menschlichem Ermessen sicher ist, sind die Zinsen auch relativ niedrig. Steigt das allgemeine Preisniveau, kann es also passieren, dass der Anleihekupon plötzlich durch die Inflation komplett aufgezehrt wird.

Deshalb ist auch auf diesem vermeintlich sicheren und wenig schwankungsanfälligen Markt eine Streuung des eingesetzten Geldes auf mehrere Titel empfehlenswert. Diese Streuung sollte dann über die Laufzeiten bis zur vorgesehenen Rückzahlung des geborgten Geldes stattfinden. Das verringert die Gefahr, auf dem falschen Fuß erwischt zu werden. Generell empfiehlt es sich für Privatanleger, die Schuldtitel im Depot bis zur Endfälligkeit zu halten. Wenn sie die Papiere während der Laufzeit verkaufen müssen, gehen sie das Risiko von Kursverlusten ein. Die günstigste Zugangsform in sichere Staatsanleihen ist übrigens der direkte Weg. Bei der Finanzagentur des Bundes, die die Staatsschulden verwaltet, ist die Verwahrung von Bundesanleihen oder Schatzbriefen sogar kostenlos.

Etwas anders gelagert ist die Sache bei einem Kauf von Unternehmensanleihen oder Anleihen von Staaten mit fragwürdiger Bonität. Bei diesen Wertpapieren ist das Ausfallrisiko deutlich höher. In ihrer Charakteristik kommen sie somit einem Aktienengagement näher. Deshalb werden sie im Normalfall auch deutlich höher verzinst als beispielsweise Bundesanleihen. Gut geführten Unternehmen Geld zu borgen, kann ein gutes Geschäft sein. In schwierigen Börsenzeiten ist es manchmal sogar das bessere Geschäft, als sich über Aktien direkt an dem Unternehmen zu beteiligen. Wer beispielsweise davon ausgeht, dass der Mercedes-Stern auch in drei Jahren noch auf den Straßen dieser Welt seinen besonderen Glanz verbreitet, konnte in den Zeiten der Finanzkrise Daimler-Anleihen mit 9 Prozent Verzinsung bekommen. Die Anleihegläubiger von Daimler fuhren mit einem solchen Angebot wesentlich günstiger als die Aktionäre, die nicht nur einen kräftigen Kursabschlag, sondern auch noch die Kürzung der Dividende hinnehmen mussten.

Wegen des höheren Risikos sind für Unternehmens- und wackelige Staatsanleihen allerdings spezialisierte Fonds mit guter Reputation ein empfehlenswerter Zugangsweg – und nur in Ausnahmefällen der direkte Weg. In diesem Geschäft kommt es nämlich darauf an, rechtzeitig davon Wind zu bekommen, wenn ein Schuldner wackelt. Privatanleger erfahren dies im Normalfall als Letzte.

Vorsicht ist inzwischen auch bei der Auswahl eines Liquiditätsparkplatzes geboten. Auf einem Tagesgeldkonto ist Liquidität nicht automatisch sicher untergebracht. Deshalb ist der höchste angebotene Zinssatz nicht gleichzeitig das beste Angebot. Ein Blick auf den Anbieter ist unerlässlich – vor allem bei eher unbekannten Adressen. Ist die Bank an die hiesige Einlagensicherung angebunden? Besteht überhaupt eine Einlagensicherung? In welcher Höhe?

Die Kunden der isländischen Kaupthing-Bank sahen einst nur den Zinssatz – und dann erst mal ihr Geld nicht wieder. Wenn ein Institut wie Kaupthing über 6 Prozent zahlt und die Deutsche Bank gerade einmal 4 Prozent, dann gibt es einen guten Grund für die ungewöhnlich hohe Differenz. Allerdings muss man es beim Tagesgeld mit der Risikostreuung nicht auf die Spitze treiben. Es genügt ein stabiles Institut, das auch in einem kräftigen Sturm nicht wackelt.

Risikostreuung wird in der Regel wie eine Wissenschaft für sich behandelt, was für Privatanleger auf den ersten Blick abschreckend wirkt. Das muss aber nicht sein: Unter professionellen Vermögensverwaltern wird viel Zeit mit der Diskussion über die richtige Portfoliotheorie verschwendet – genützt hat es wenig, wenn es darauf ankam. Die Finanzkrise wirkt vor diesem Hintergrund wie ein reinigendes Gewitter. Was nutzen Berechnungen nach Markowitz oder sonst wem, wenn sich Wertpapiere wegen Marktstörungen nicht verkaufen lassen. Je einfacher, je übersichtlicher, umso besser – auch wenn damit professionelle Vermögensverwalter weniger Geld verdienen können.

Wenn Berater ihre Kunden mit bedeutungsschweren Worten zutexten, sollten diese niemals den einfachen Grundsatz aus den Blick verlieren: Nicht das ganze Geld auf ein Pferd setzen. Ist eine Zuordnung der angebotenen Geldanlageprodukte in die Kategorien Aktien, Anleihen und Liquidität möglich? Lässt sich eine sinnvolle Aufteilung entsprechend der persönlichen Ziele, eine nachvollziehbare Mischung aus Sicherheit und Risiko erkennen? Auf diese Fragen kommt es an. Können sie bejaht werden, dann ist eigentlich alles in bester Ordnung. Dann müssen nur noch die Märkte mitspielen.

Eine erfolgversprechende Geldanlage zeichnet sich dadurch aus, dass viele kleine Wetten statt einer großen Wette gesetzt werden. Selbstverständlich landet immer mal wieder jemand den großen Treffer und wird mit einer einzigen Aktie auf einen Schlag reich. Microsoft-Aktionäre der ersten Stunde zählen beispielsweise zu dieser Gruppe. Dieser Vorgang ist jedoch nichts anderes als Glück – und das kann man leider nicht erzwingen.

SCHLUSSFOLGERUNGEN

- Risikobegrenzung durch Risikostreuung –
  viele kleine Wetten sind immer besser als eine große.
- Eine Selbsteinschätzung zu Risikoneigung und
  Anlagehorizont ist unverzichtbar – die richtige
  Mischung der Anlageklassen ist individuell.
- Je mehr Titel im Portfolio, umso geringer ist
  die Auswirkung eines einzelnen Fehlgriffs.

FEHLER NUMMER FÜNF

Unter erfahrenen Finanzberatern gilt es als ausgemachte Sache, dass in Deutschland der Steuerspartrieb offensichtlich ausgeprägter ist als der Sexualtrieb. Sollte ein Anleger in der Abwägung über das Für und Wider eines angebotenen Produkts nicht so recht vorankommen, gibt ein Hinweis auf möglicherweise vorhandene Steuervorteile den entscheidenden Schub. Für viele Anleger entwickelt das Wort „Steuergünstig" eine unwiderstehliche Anziehungskraft. Steuern beziehungsweise das Vermeiden von Steuerzahlungen sind der wesentliche Innovationstreiber in der privaten Geldanlage. Der Absatz von Zertifikaten wäre in den Jahren zwischen Jahrtausendbaisse und Finanzkrise wohl nicht so rasant gestiegen, wenn nicht über diesen Umweg zu versteuernde Zinseinkünfte in steuerfreie Kursgewinne hätten umgewandelt werden können.

Insgesamt betrachtet haben sich Steuervermeidungsstrategien aber nur in wenigen Fällen als Segen für den Erhalt beziehungsweise die Mehrung eines Vermögens herausgestellt. Meist dienen sie nur als Feigenblatt, damit sich ein Anleger das ihm dargebotene Finanzprodukt nicht allzu genau ansieht und dabei womöglich die mangelhafte Qualität oder viel zu teure Gebührenstruktur durchschauen könnte.

Die klassische Form von Steuersparprodukten, mit denen Anleger regelmäßig auf die Nase fallen, sind die sogenannten geschlossenen Fonds. Mit ihnen können Anteile an allen möglichen Gegenständen erworben werden. Am beliebtesten sind Immobilien. Doch auch Schiffe, Flugzeuge, Bohrinseln, gebrauchte Lebensversicherungen, Filme und Windkraftanlagen finden sich im Katalog. Der Phantasie sind keine Grenzen gesetzt. Allerdings handelt es sich bei dieser Form der Geldanlage um eine unternehmerische Beteiligung – mit allen Chancen, aber eben auch Risiken, die damit verbunden sind. Das entscheidende Risiko lautet jedenfalls: Totalverlust des eingesetzten Geldes. Und das kommt wesentlich häufiger vor, als öffentlich wahrgenommen wird.

Beinahe wöchentlich berichten uns Anleger über gescheiterte Beteiligungsfonds. Viele der Betroffenen wundern sich im Nachgang zuweilen selbst darüber, wie blauäugig sie auf offensichtlich dubiose Angebote eingegangen sind. Es ist eine Form von Besinnungslosigkeit, vor der auch intelligente Menschen nicht gefeit scheinen. Bei geschlossenen Fonds galt in der Vergangenheit der seltsame Grundsatz, dass Verluste etwas Gutes sind. Schließlich ließen sie sich auf andere Erträge anrechnen, womit sich wiederum die Einkommensteuer senken ließ.

In den frühen Jahren der geschlossenen Fonds konnte beispielsweise das Doppelte einer Investition in Schiffe steuermindernd angesetzt werden. Schon durch diesen Effekt war es für vermögende Anleger letztlich völlig egal, ob das Schiff später Gewinne oder Verluste einfuhr. Die Investition hatte sich für vermögende Steuerzahler schon zu Beginn gerechnet. Ähnliches galt für die Beteiligung an Immobilien, die sich durch die Konstruktion der Fonds auch wegen ihrer dämpfenden Funktion auf die Erbschaftsteuer reger Beliebtheit im Personenkreis der besonders vermögenden Privatanleger erfreuten.

Die seltsamste Blüte in diesem weiten Feld der Steuersparmodelle waren jedoch die sogenannten Medienfonds. Mit ihnen beteiligten sich Anleger an der Produktion von Filmen – ein völlig unberechenbares Geschäft. Deshalb ist es auch nicht sonderlich überraschend, dass kein einziger Medienfonds für seine Anleger einen Gewinn erwirtschaften konnte. Doch darum ging es auch gar nicht. Ihre Funktion war lediglich die eines Steuerverschiebebahnhofs.

Hatte beispielsweise ein Unternehmer in einem Kalenderjahr besonders hohe persönliche Einkünfte erzielt, konnte er das komplette Engagement in einem Medienfonds steuermindernd ansetzen. Man muss schon einen Teil des logischen Denkens ausschalten, um zu verstehen, dass bis zu 50 Prozent des Fondsvermögens verlorengehen können und sich der Einsatz für den Anleger dennoch irgendwie rechnet. Folgerichtig war das Geschäftsmodell der schillernden Medienfonds tot, als der Fiskus im Frühjahr 2005 die steuerliche Anrechnung von Verlusten weitgehend abschaffte.

Doch die Geschichte der Medienfonds ist nicht nur eine Geschichte von versenktem Vermögen in Filmproduktionen. Einige Anleger können auch ein Lied davon singen, dass mit Medienfonds im Nachgang aus dem Steuerspareffekt eine Steuernachzahlung werden kann. Dabei leitete ein Fondsinitator nur einen Bruchteil des eingezahlten Geldes tatsächlich in Filmproduktionen. Der Rest lag sicher auf Bankkonten. Das Finanzamt sah darin eine Zweckentfremdung des Geldes und erkannte den kalkulierten Steuervorteil kurzerhand wieder ab. Viele betroffene Investoren brachte das in erhebliche Schwierigkeiten. Die schon sicher geglaubte Ersparnis wurde vom Fiskus auf einen Schlag fällig gestellt. Wer nicht genug Rücklagen gebildet hatte, musste einen Kredit aufnehmen, um die Steuerschulden zu begleichen. Die verlockende Vorstellung, dem Fiskus elegant ein Schippchen geschlagen zu haben, wandelte sich in einen Albtraum.

Über viele Jahre waren die geschlossenen Fonds das Hauptspielfeld der Steuersparmodelle für vermögende Privatkunden. Später wurde die Zielgruppe auch auf weniger vermögende Anleger ausgeweitet, was sich aber zunehmend als problematisch herausstellte. Natürlich sind auch Arbeitnehmer mit einem unterdurchschnittlichen Einkommen für das Steuersparen zu begeistern – selbst wenn die Kapitaleinkünfte noch im Rahmen der Freibeträge liegen und sie damit ohnehin steuerfrei vereinnahmt werden können. Weil gleichzeitig aber die Mindestanlagesumme in geschlossenen Fonds normalerweise bei 10.000 Euro und höher liegt, war bei einer der nicht seltenen Bruchlandungen von Fonds nicht nur ein überschaubarer Teil des Vermögens betroffen. Es lösten sich gleich die ganzen Ersparnisse in Luft auf, die als Ergebnis harter Arbeit vielleicht der Altersvorsorge hätten dienen können.

Das Risiko einer unternehmerischen Beteiligung auf der einen Seite und vollmundige Versprechungen auf der anderen erweisen sich immer wieder als gefährliche Mischung. Obwohl der Fiskus die früheren teilweise erheblichen Steuervorteile für geschlossene Beteiligungsfonds Schritt für Schritt abgebaut hat, ist diese Form der privaten Vermögensanlage nicht untergegangen. Mittlerweile haben die Fondsinitiatoren gelernt, auch Gewinne zu erwirtschaften. Und die Vergütung für die Verkäufer solcher Fonds ist immer noch außerordentlich attraktiv.

Unverständlicherweise finden sich also immer noch genug Anleger, die für ein paar wenige Prozentpunkte über der Rendite einer sicheren Staatsanleihe bereit sind, das Risiko eines Totalverlusts auf sich zu nehmen. Wenigstens hat die inzwischen erfolgte Abschaffung der einst lukrativen Verlustverrechnungen dazu geführt, dass viele Anleger zunächst auf das Investitionsobjekt schauen und erst danach auf den einen oder anderen möglicherweise immer noch vorhandenen kleinen Steuervorteil – und nicht umgekehrt.

Welche gefährlichen Fallen ein vermeintlicher Steuervorteil stellen kann, hat sich in der Vergangenheit auch in der

Geldanlage mit Aktien gezeigt. In den Zeiten der „New Economy" rund um die Jahrtausendwende galt es beispielsweise schon als clevere Anlagstrategie, Anteile an den frisch auf den Markt gekommenen Wachstumsunternehmen zu erwerben, diese dann ein Jahr zu halten und am Ende der Jahresfrist das mit dem Verkauf erzielte Geld in neue Jungunternehmen an der Börse zu investieren. Diese Jahresfrist hatte einen einfachen Grund. Nach ihrem Ablauf konnten zur damaligen Zeit Kursgewinne steuerfrei vereinnahmt werden. Schneller Reichtum durch kräftige Kursaufschläge – und der Fiskus bekommt nicht einen Pfennig. Das schien zu schön, um wahr zu sein – und war es dann auch.

Als im März 2000 die Aktienmärkte die Richtung wechselten, kam es zunächst nicht zu einer Panikreaktion. Während sich die ersten professionellen Anleger wie beispielsweise die Investmentbanken mit ihrem Handel auf eigene Rechnung aus dem Markt verabschiedeten, hielten viele Privatanleger ihre Papiere erst einmal fest. Auch wenn die auf dem Papier stehenden Gewinne rasch zusammenschmolzen – die meisten von ihnen wollten keinesfalls Einkommensteuer auf die zunehmend mageren Gewinne zahlen. Dieser Gedankengang kostete vielen Neulingen in der Aktienanlage damals viel Geld. Irgendwann gab es nämlich nichts mehr, was man hätte versteuern dürfen. Stattdessen türmten sich die Verluste, am berühmt-berüchtigten „Neuen Markt" gab es sogar die ersten Totalausfälle. Der Steuervorteil verdeckte die Sicht auf vernünftiges Handeln:

Lieber eine Aktie, deren Wert sich innerhalb von drei Monaten verdoppelt, verkaufen und einen Teil des erzielten Gewinns an den Fiskus zahlen, als einen schmerzhaften Wertverlust hinnehmen und dafür auch den Fiskus leer ausgehen lassen.

In eine ähnliche Falle stolperten viele Anleger im Jahr 2008. Damals versprachen sich Fondsanbieter und Aktienlobbyisten einen kurzfristigen Schub für die Aktienanlage. Der Grund: Die neue Abgeltungsteuer stand vor der Tür. Ab Jahresbeginn 2009, so war es beschlossen, müssen von allen Kapitalerträgen – egal ob aus Zinsen, Kursgewinnen oder Dividenden – 25 Prozent zuzüglich Solidaritätszuschlag und eventuell Kirchensteuer an den Fiskus abgeführt werden. Vor allem Aktienanleger wurden mit dieser neuen Steuer schlechter gestellt, denn damit fiel die Steuerfreiheit auf Kursgewinne nach einem Jahr Mindesthaltedauer weg. Wer jedoch noch vor 2009 einstieg, für den gilt weiterhin die alte steuerliche Regel auf die erworbenen Papiere. Wegen dieses Bestandsschutzes wurde unter Finanzdienstleistern von einem Steuerschlussverkauf von Aktienanlagen ausgegangen: Jetzt noch schnell einsteigen, geplante Aktienkäufe vorziehen und dann in Zukunft kräftig Steuern sparen, lautete die Botschaft.

Erfreulicherweise behielten diesmal mehr Anleger als zur Jahrtausendwende die Übersicht. Was zu Beginn des Jahres niemand voraussehen konnte, war die beispiellose Zuspitzung der schon seit Mitte 2007 laufenden Kreditkrise zu einer ausgewachsenen Finanzkrise mit den schlimmsten Kursstürzen am Aktienmarkt seit der Depression in den dreißiger Jahren. Im Jahresverlauf halbierten sich die Kurse an den meisten Aktienmärkten. Wobei sich der Kurssturz ausgerechnet in den letzten drei Monaten des Jahres 2008 nach dem Zusammenbruch der amerikanischen Investmentbank Lehman Brothers beschleunigte – gerade in jenem Zeitraum, in dem der Schlussverkauf eigentlich richtig Fahrt aufnehmen sollte.

Der erwartete Aktienschlussverkauf vor der Einführung der Abgeltungsteuer fiel weitgehend aus. Die meisten Anleger hatten diesmal erkannt: Bevor Steuern auf Kursgewinne gespart werden können, müssen erst einmal Kursgewinne erzielt werden. Die Rechnung ist relativ einfach. Wer Anfang 2008 wegen der Abgeltungsteuer in Aktien beziehungsweise Aktienfonds einstieg und in den darauffolgenden zwölf Monaten einen Verlust von 50 Prozent einfuhr, braucht danach erst einmal wieder einen Wertzuwachs von mehr als 100 Prozent, damit er überhaupt Abgeltungsteuer zahlen müsste. Wer dagegen auf den vermeintlichen Steuervorteil in weiter Zukunft verzichtete, kann sich darüber freuen, an der größten Kapitalvernichtung aller Zeiten nicht beteiligt gewesen zu sein – und später gegen den Zug der Herde zu günstigen Kursen einsteigen.

Steuervorteile können auch dazu dienen, die Schwachstellen einer Geldanlageform zu verdecken. So begannen beispielsweise offene Immobilienfonds mit der Einführung der

Abgeltungsteuer den Umstand hervorzuheben, dass ihr Anlageerfolg im Gegensatz zur Konkurrenz nur teilweise mit dem Fiskus geteilt werden muss. Zu verdanken ist dieser Umstand Doppelbesteuerungsabkommen, die Deutschland mit zahlreichen Ländern geschlossen hat. Das heißt, wenn im Ausland erzielte Erträge schon vor Ort versteuert wurden, müssen sie nicht noch einmal hierzulande versteuert werden. Je höher der Auslandsanteil, umso höher ist also der steuerfreie Anteil am Wertzuwachs.

Stabile Renditen, und das teilweise steuerfrei – dieser Effekt sollte um die Jahreswende 2008/09 verdecken, dass die Anbieter ihr Geschäftsmodell nicht mehr im Griff hatten. Das Konzept funktionierte, solange Privatanleger in den Fonds weitgehend unter sich waren. Sie sind keine sprunghafte Kundschaft, die plötzlich große Summen auf einmal abzieht. Die Aussicht auf sprunghaft steigende Erträge verleitete einige Anbieter aber dazu, auch immer mehr professionelle Großanleger mit an Bord zu nehmen. Für die Fondsverwalter hat dies den Vorteil, dass sie große Summen anzulegen haben, was automatisch höhere Gebühreneinnahmen mit sich bringt. Als Nachteil stellte sich jedoch heraus, dass sie zuweilen von einem Tag auf den anderen rasch das Weite suchen und damit die Fonds in ernsthafte Liquiditätsschwierigkeiten bringen können.

So war im Herbst 2008 der absurd anmutende Umstand zu beobachten, dass offene Immobilienfonds neben Staatsanleihen aus Industrieländern die letzten Wertpapieranlagen waren, die vor Verlusten verschont blieben. Doch weil vor allem die zuvor hofierten Großanleger plötzlich in der Finanzkrise dringend Geld benötigten, rutschten die Fonds in die schlimmste Krise ihrer Geschichte. Gut ein Drittel des Marktes wurde eingefroren, weil nicht mehr genug Liquidität vorhanden war, um die rückzugswilligen Anleger auszuzahlen. Ein weitgehend steuerfreier und noch dazu vergleichsweise stabiler Wertzuwachs mag also auf den ersten Blick erfreulich sein. Wenn sich das dahinterstehende Anlagemodell aber als widersprüchlich erweist und aus purer Not die Spielregeln ändern muss, hält sich die Begeisterung in Grenzen.

Was sich für ein Rummel mit dem Steuersparargument veranstalten lässt, bewiesen die deutschen Lebensversicherer kurz vor dem Jahresende 2004. Über Jahrzehnte lebten sie gut davon, dass die Auszahlungen aus Lebensversicherungen steuerfrei waren, wenn der Vertrag mindestens zwölf Jahre lang lief. Dieses Privileg sollte den Versicherern nun genommen werden. In einem bis dahin noch nie gesehenen Steuerschlussverkauf gelang es den Anbietern jedoch, kurz vor Ultimo noch einmal Verträge über eine Rekordsumme einzusammeln. In einem Anflug von Besinnungslosigkeit angesichts einer sich dem Ende zuneigenden Steuerfreiheit gerieten die vielen fragwürdigen Ansätze dieser Anlageform völlig aus dem Blick.

Kapitalbildende Lebensversicherungen sind zunächst einmal sehr teuer. Inzwischen finden sich im Kleingedruckten

der Verträge zwar Angaben, wie hoch die Vertriebsvergü-
tung ausfällt. Es bleiben aber noch genug Grauzonen für
die Lebensversicherer, um an zusätzliche Einnahmen zu
kommen. Diese Intransparenz findet allerdings nicht nur in
der Gebührengestaltung statt. Auch die Verzinsung des
eingezahlten Geldes bewegt sich im Ungefähren. Die Ver-
sicherer werben mit einem garantierten Zins – und einmal
im Jahr bekommt die Kundschaft auch mitgeteilt, in welcher Größenordnung sie darüber hinaus an den erwirtschafteten Kapitalerträgen beteiligt wird. Wie hoch jedoch der
Sparbeitrag ist, auf den diese Zinsen angerechnet werden,
bleibt ein gut gehütetes Geheimnis. Ein Vergleich mit der
Rendite anderer Anlageformen ist deshalb nicht möglich.
So schön die Musterrechnungen vor dem Abschluss sind:
Wie bei den meisten Anlageformen weiß man leider erst
hinterher, ob sich der Abschluss gelohnt hat.

Nicht ausgeblendet werden sollte auch das Inflationsrisiko,
das man mit dem Abschluss einer Lebensversicherung ein-
geht. Die Verzinsung des eingezahlten Geldes liegt häufig
nur unwesentlich über dem Niveau einer länger laufenden
Bundesanleihe. Kommt es in den kommenden Jahren einmal zu einem Verfall der Kaufkraft, kann bei einem direkten Engagement in Bundesanleihen das Geld rasch in infla-
tionsgeschützte Anlageformen umgeschichtet werden. In
kapitalbildenden Lebensversicherungen hängt der Anleger
jedoch fest: Will er seinen Vertrag vorzeitig kündigen,
bekommt er sein Geld nur mit deutlichen Abschlägen an
der Rendite zurück; lässt er die Police weiterlaufen, muss er

einen Verlust angesichts des höheren allgemeinen Preisniveaus hinnehmen. Dabei macht es in einem Inflationsszenario keinen Unterschied, ob Lebensversicherungen nach Steuern besser behandelt werden als Anleihen. Dieser Unterschied wird einfach eingeebnet.

Die unterschiedliche steuerliche Behandlung der verschiedenen Geldanlageformen stellt eine der schwierigsten Hürden für Privatanleger dar, die zu überwinden sind. Natürlich ist es verwirrend und nicht nachvollziehbar, wenn Auszahlungen aus Lebensversicherungen nur zur Hälfte versteuert werden müssen, Auszahlungen aus Fondssparplänen aber vollständig. Natürlich kann man den Überblick verlieren, wenn Schiffsfonds vor allem wegen der Tonnagesteuer attraktiv sind und die offenen Immobilienfonds wegen bestehender Doppelbesteuerungsabkommen mit anderen Ländern. Da hat auch die Abgeltungsteuer nur eine unwesentliche Vereinfachung mit sich gebracht.

Letztlich wird das Steuerthema aber von den Anbietern von Anlageprodukten und ihren Verkäufern mit größerer Bedeutung aufgeladen, als es tatsächlich notwendig ist. Anleger machen keinen Fehler, wenn sie die unterschiedlichen Steuerregeln erst einmal ausblenden. Denn Steuervorteile sollten ohnehin immer nur als nette Zugabe angesehen werden und niemals der ausschlaggebende Punkt für eine Anlageentscheidung sein.

SCHLUSSFOLGERUNGEN

- Ohne Ertrag kein Steuervorteil.
- Hinweise auf Steuervergünstigungen verdecken oft nur Qualitätsmängel oder Risiken.
- Erst auf das Anlageobjekt schauen – ein Steuervorteil ist nur das Sahnehäubchen obendrauf.

FEHLER NUMMER SECHS

Der gelegentliche Blick in den Rückspiegel kann beim Autofahren ganz hilfreich sein. Potentielle Gefahren lassen sich so rechtzeitig erkennen. Allerdings führt der ausschließliche Blick nach hinten während der Fahrt zwangsläufig zum Unfall. Entscheidend ist immer noch das Geschehen vor der eigenen Nase, um den Wagen in der Spur zu halten.

Was im Straßenverkehr gilt, kann ohne Einschränkung auch auf die Anlage des privaten Vermögens übertragen werden. Nur ist es bei einer Anlageentscheidung wesentlich schwieriger, sich vom Rückspiegel zu lösen. Denn Ergebnisse aus der Vergangenheit bieten einen gewissen Halt. Sie gehören zu den wenigen verlässlichen Orientierungspunkten, um Chancen und Risiken einer Anlageform beziehungsweise eines Marktes einzuschätzen – und doch ist ihre Aussagekraft begrenzt. Nur zu gern wird ausgeblendet, dass sie die Wegmarken der schon zurückgelegten Strecke sind und keinerlei belastbare Informationen für den bevorstehenden Weg liefern.

Ein Autofahrer bekommt schon in Frankfurt auf einem Hinweisschild zu lesen, dass es bis Köln noch knapp 200 Kilometer sind – auf diese Angabe kann er sich verlassen. Ein Anleger bekommt dagegen gesagt, dass eine Investition auf dem Aktienmarkt über die vergangenen Jahrzehnte einen durchschnittlichen jährlichen Wertzuwachs von 8 Prozent einbrachte – dass dies auch in Zukunft so bleiben wird, ist keinesfalls eine ausgemachte Sache. Der Blick in die Vergangenheit liefert lediglich ein gewisses Gefühl der Sicherheit, trotz aller möglichen zu erwartenden Rückschläge letztlich doch in eine aussichtsreiche Anlageform zu investieren.

Die eingeschränkte Aussagekraft ändert nichts daran, dass zurückliegende Anlageergebnisse als hilfreiche Leitplanken und Hinweisschilder wahrgenommen werden. Dieses nachvollziehbare Verhalten erklärt beispielsweise die Beliebtheit von allen möglichen Ranglisten. Welche Aktienfonds waren die besten im vergangenen Jahr, über die vergangenen drei Jahre, über die vergangenen zehn Jahre? Welche Lebensversicherungen haben die Erwartungen in der Vergangenheit übertroffen, welche blieben am deutlichsten unter ihren Versprechungen? Ranglisten beantworten diese Fragen und geben damit anstehenden Anlageentscheidungen einen rationalen Anstrich.

Verbunden damit ist das gute Gefühl, dass die zukünftige Wertentwicklung nicht zu sehr dem Zufall überlassen wird. Dieses Gefühl der Sicherheit ist jedoch trügerisch. Es ist vielmehr eine Quelle steter Enttäuschungen – und das aus gutem Grund. Es widerspricht der Natur der Finanzmärkte, Ergebnisse aus der Vergangenheit linear in die

Zukunft fortschreiben zu können. Die Märkte bewegen sich in Zyklen, die mal länger und mal kürzer ausfallen. Jeder Zyklus hat wiederum seine eigenen Favoriten – sowohl was die einzelnen Anlageformen, die einzelnen Marktsegmente als auch die einzelnen Vermögensverwalter betrifft.

In wirtschaftlich schwierigen Zeiten steigen üblicherweise die Preise für die als sicherer Hafen geltenden Staatsanleihen aus Industrieländern, während Aktien wegen rückläufiger Unternehmensgewinne an Wert verlieren. Umgekehrt entwickeln sich in wirtschaftlichen Aufschwungphasen mit steigenden Unternehmensgewinnen Aktien wesentlich besser als Staatsanleihen.

Doch auch innerhalb des Aktienmarktes selbst gibt es größere Unterschiede. Stark konjunkturabhängige Unternehmen wie beispielsweise Industriewerte weisen normalerweise in Zeiten eines kräftigen Wirtschaftswachstums einen deutlicheren Kursanstieg auf als Unternehmen mit einem überschaubaren, dafür aber stabilen Gewinnsteigerungspotential wie Energieversorger oder Ölkonzerne. Die wiederum fallen in wirtschaftlichen Abschwungphasen weniger stark als die konjunktursensible Konkurrenz.

Das Zyklusprinzip gilt jedoch nicht nur für einzelne Branchen, sondern auch für ganze Länder und Regionen. So entwickeln sich Aktien aus Ländern mit einem überdurchschnittlich hohen Wirtschaftswachstum üblicherweise besser als Aktien aus Ländern mit weitgehend gesättigten Märkten.

Gleichzeitig sind auch unter den Vermögensverwaltern, und hierbei besonders gut unter den Fondsmanagern, zwei sehr unterschiedliche Gruppen zu beobachten. Die einen kommen besser mit Aufschwungphasen zurecht, weil sie voll auf Risiko setzen und damit im Wettbewerbsvergleich ganz vorn liegen. Umgekehrt entfalten manche Portfoliokonstrukteure erst dann ihr ganzes Talent, wenn sich das Marktumfeld verdüstert und der Erhalt des Kundenvermögens in den Vordergrund rückt. Dann geht es nicht mehr darum, die richtigen Wetten zu setzen, was in allgemein steigenden Märkten übrigens keine große Kunst ist. Dann ist vielmehr mühevolle Kleinarbeit gefragt wie das Lesen und Verstehen von Unternehmensbilanzen, um doch noch die eine oder andere Substanzperle zu finden. Insofern zeigt sich die wahre Meisterschaft eines Vermögensverwalters eigentlich erst in Abwärts- und nicht in Aufwärtszyklen. Viele einst als „Fondsmanager des Jahres" gekürte Vermögensverwalter können ein Lied davon singen, dass nichts so rasch verwelkt wie der Lorbeer der Vergangenheit.

Die besten Ergebnisse der jeweiligen Favoriten stehen logischerweise am Ende eines Zyklus. Wenn also beispielsweise einzelne Investmentfonds in Ranglisten ganz vorn auftauchen, ist die Aufwärtsbewegung der Märkte, in denen sie unterwegs sind, zum großen Teil schon vorüber. In diesem Punkt funktionieren Wertpapiermärkte auch ganz simpel: In einem Zyklus mit tendenziell fallenden Kursen dürfen Anleger, die trotzdem kaufen, eine höhere Risikoprämie für ihren Einsatz verlangen als in einem Zyklus mit tendenziell steigenden Kursen. Sie kaufen also vor allem Aktien, bei denen der Kurs zu einem sehr günstigen Verhältnis zum erwirtschafteten Gewinn beziehungsweise zur Gewinnausschüttung steht. Steigende Kurse bedeuten vor diesem Hintergrund ein Abschmelzen der Risikoprämie.

Erreichen die Kursgewinne und damit die Wertentwicklung von Fondsanteilen eine Größenordnung, die in gängigen Ranglisten für einen Sprung auf die Spitzenplätze sorgt, hat sich also gleichzeitig die Prämie für das eingegangene Risiko deutlich verringert. Im übertragenen Sinne bedeutet das: Der Anleger kauft in diesem Moment teuer ein, weil das Rückschlagspotential inzwischen größer ist als das Aufwärtspotential.

Natürlich kann es zuweilen dauern, bis die Gegenbewegung einsetzt – und die Gewinner von gestern sind durchaus in der Lage, noch eine Zeitlang eine positive Rolle im Anlegerportfolio zu spielen. Doch die Erfahrung nach der Jahrtausendwende hat gelehrt, dass die Luft schon mächtig dünn ist, wenn sich Fondsmanager mit einer Spezialisierung auf eine Branche, eine Region oder einen Anlagestil in den Ranglisten nach ganz vorn gearbeitet haben.

So waren beispielsweise Immobilienaktienfonds Anfang 2007 in Wettbewerbsvergleichen, die auf den Anlageergebnissen in den vorangegangenen drei Jahren basieren, nahezu unter sich. Doch Anleger, die sich von den erzielten

Ergebnissen in dem überschaubaren Marktsegment mitrei-
ßen ließen und zu diesem Zeitpunkt Fondsanteile erwar-
ben, wurden schon kurze Zeit später komplett auf dem falschen Fuß erwischt. Ihr eingesetztes Vermögen halbierte
sich während der Finanzkrise, die Mitte 2007 einsetzte.
Einzelne Immobilienaktien verloren gegenüber ihrem
Höchststand sogar über 90 Prozent an Wert. Der Ausblick
der Marktspezialisten sah nicht vor, dass Kredit für den
Kauf von Immobilien einmal knapp werden könnte. Dass
es dabei die Immobiliengesellschaften an der Börse noch
härter traf als die Banken, hatte nicht zuletzt mit dem
Umstand zu tun, dass der Kursanstieg zuvor wesentlich
dynamischer ausgefallen war. Damit war der Risikopuffer
im Abschwung geringer.

Typisch war auch das Geschehen am chinesischen Aktienmarkt vor dem Ausbruch der Finanzkrise. Zwischen 2005
und 2007 vervierfachten sich die Kurse im Marktdurchschnitt. Gespeist wurde dieser ungewöhnliche Aufschwung
aus inländischen und ausländischen Kapitalquellen gleich-
ermaßen. Im Inland entstand eine regelrechte Hysterie
um die Aktienanlage. Nach den ersten Erfahrungen mit
einem liberalisierten Wertpapiermarkt galt die Aktie als
Quelle raschen Reichtums.

Eine riesige Nachfrage stieß auf ein überschaubares Angebot, was die Kursblase nährte. Zudem durften Chinesen
auch nicht außerhalb ihres Landes Aktien erwerben, so dass
sie sich auf den engen Heimatmarkt beschränken mussten.

Ausländische Investoren sahen in China wiederum vor allem einen riesigen Markt mit einem enormen Aufholpotential nach der Aufgabe der reinen marxistisch-maoistischen Lehre durch die Machthaber. Ein Einstieg über den Aktienmarkt versprach die Beteiligung am Aufstieg eines Globalisierungsgewinners.

Je weiter die Kurse nach oben schossen, umso mehr Anleger nahmen mit dem Blick auf die globalen Aktienmarktvergleiche und die gängigen Fondsranglisten bereitwillig die Botschaft vom unaufhaltsamen Aufstieg der chinesischen Volkswirtschaft auf. Dass das Gewinnwachstum mit dem Tempo des Kursanstiegs überhaupt nicht mehr mithalten konnte, wurde lange Zeit von in- wie ausländischen Investoren allenfalls am Rande wahrgenommen.

Offensichtlich wurde die Blase, die sich in China gebildet hatte, als unter den zehn größten Unternehmen der Welt plötzlich sieben ihre Heimat in China hatten. Die Kurse waren dermaßen in die Höhe geschossen, dass übertragen auf die umlaufenden Aktien der Unternehmenswert an der Börse selbst etablierte amerikanische Großkonzerne in den Schatten stellte. Das änderte sich jedoch rasch wieder. Noch vor den Olympischen Sommerspielen in Peking 2008 platzte die Blase. Wer zu spät auf den Zug in Richtung chinesische Aktienmärkte aufgesprungen war, dem blieb nur die Feststellung, dass die Korrektur einer Übertreibung an den Aktienmärkten zuweilen auf sich warten lässt – dass sie aber unweigerlich kommt.

Erstaunlich ist angesichts der Erfahrungen, die jeder Anleger schon einmal mit Entscheidungen auf der Basis von zurückliegenden Wertentwicklungen gemacht hat, dass die Ergebnisse aus der Vergangenheit immer noch eines der zugkräftigsten Verkaufsargumente für Geldanlageprodukte sind. Es geht offensichtlich ein gewisser Reiz von solchen Zahlenspielen aus, dem sich viele Anleger nur schwer entziehen können.

Die Anbieter sämtlicher Geldanlagen sind sich dieses Reizes durchaus bewusst. Doch keine andere Branche reitet in ihrer Werbung so stark darauf herum wie die Investmentfondsanbieter. Das ist durchaus nachvollziehbar, denn zwei Dinge kommen bei ihnen zusammen: Zum einen müssen sie die Anleger davon überzeugen, dass sich die Investition in ein spezielles Marktsegment überhaupt lohnt; zum anderen müssen sie für sich selbst werben, dass sie also im Vergleich zu konkurrierenden Gesellschaften für den Auftrag zur Vermögensverwaltung die besten Voraussetzungen mitbringen.

Die Tricks, die dabei angewandt werden, sind in der Regel leicht zu erkennen. Gesucht wird von den Gesellschaften einfach ein Zeitraum, der ihre Leistung in einem besonders günstigen Licht erscheinen lässt. Wenn dann etwas nicht passt, wird es eben passend gemacht. Die Möglichkeiten sind schließlich vielfältig. Gängig ist der Wettbewerbsvergleich für Aktien- und Rentenfonds über ein Jahr oder drei Jahre. Genauso gut lässt sich aber auch mit der Wertentwicklung seit Jahresbeginn, für das vergangene Kalender-

jahr, seit fünf Jahren, seit zehn Jahren oder seit der Aufle-
gung des Fonds werben. Der Endpunkt der statistischen
Betrachtung muss auch nicht unbedingt in der Gegenwart
sein, sondern kann schon weiter zurückliegen. Generell
gilt: Je willkürlicher ein Zeitraum ausgewählt ist, umso
größere Vorsicht ist gegenüber der Leistungsfähigkeit des
damit werbenden Anbieters angebracht.

Gern wird auch einfach nur eine Zahl groß geschrieben,
ohne sie im Marktumfeld einzuordnen. Wenn ein Euro-
Aktienfonds beispielsweise hervorhebt, dass er zwischen
2003 und 2007 um 50 Prozent zugelegt hat, sieht das vielleicht auf den ersten Blick ganz ordentlich aus. Auf den
zweiten Blick wird jedoch deutlich, dass er hinter dem
Aktienmarkt und den meisten Konkurrenten weit zurück-
geblieben ist. Mühe geben sich die Fondsanbieter, die in
ihrer Werbung auf die Leistung in der Vergangenheit setzen, dann wieder in den Fußnoten der Anzeigen. Dort ist
regelmäßig zu lesen, dass aus den zurückliegenden Ergebnissen nicht auf die zukünftige Wertentwicklung geschlossen werden kann. Dies ist allerdings so klein geschrieben,
dass es dem Auge schon wehtut.

Der Blick zurück eignet sich auch wunderbar, um von den
Problemen der Gegenwart abzulenken. In dieser Art von
Ablenkungsmanövern haben es beispielsweise die offenen
Immobilienfonds zu wahrer Meisterschaft gebracht. Die
Anbieter leiden unter dem zunehmend unmöglicheren
Mechanismus, das von Natur aus illiquide Investment in

eine Immobilie mit der täglichen Verfügbarkeit der Fondsanteile für den Anleger zusammenzubringen. In den ersten
Jahrzehnten ihres Bestehens war das möglicherweise eine
praktikable Funktionsweise. Da ging es auch eher darum,
über dieses Vehikel privates Geld für den Wiederaufbau des
zerstörten Landes einzusammeln. Inzwischen bewegen wir
uns aber in einem informationstechnologischen Umfeld, in
dem Arbitrage-Geschäfte innerhalb von Sekundenbruchtei-
len abgewickelt werden. Dagegen sehen Anlageprodukte,
deren täglicher Preis auf einer einmal im Jahr stattfinden-
den Objektbewertung beruht, ziemlich alt aus.

Mitten in der sich zuspitzenden Finanzkrise schlug diese
unzeitgemäße Konstruktion voll durch. Gut zehn größeren
und kleineren Immobilienfonds ging innerhalb weniger
Tage das Geld aus, weil verunsicherte Anleger ihre Anteile
verkauften, sich die Gebäude im Portfolio aber nicht von
einem Tag auf den anderen verkaufen lassen. Die Rücknah-
me der Anteile wurde eingestellt. Die betroffenen Anleger
wissen nicht, wann sie wieder an ihr investiertes Geld kommen und wie viel davon übrig sein wird. Eine absolut unbe-
friedigende Situation: Wertzuwächse sind genauso möglich
wie Verluste. Schließlich sind die Fonds spätestens nach
einer Schließungsphase von zwei Jahren gezwungen, ihre
Bestandsobjekte auch unter dem Verkehrswert zu verkaufen, auf dessen Basis die Fondsanteile berechnet werden.

In diese tiefste Krise seit der Einführung von offenen
Immobilienfonds im Jahre 1959 platzt die Branche mit

regelmäßigen Hinweisen, wie stabil doch die Anlage in diesen Produkten sei. Immerhin habe eine Investition über die vergangenen Jahrzehnte regelmäßig um die 5 Prozent jährlich gebracht. Eine Insel der Ruhe im tobenden Meer der Finanzmärkte wird da vorgegaukelt, während die tagesaktuellen Probleme komplett ausgeblendet werden. Wer sich kritiklos auf diese Argumentation einlässt, findet sich plötzlich in Festgeld – nur ohne festen Zinssatz – wieder.

Dass die Versprechen aus der Vergangenheit nichts wert sind, wissen seit der Finanzkrise auch die Anleger in Geldmarktfonds. Bis zur Finanzkrise galten diese Fonds als sicherer Parkplatz für Geld, was gerade nicht gebraucht wird. Mit ihrer Ausrichtung auf Anleihen mit kurzen Restlaufzeiten versprachen sie eine stabile Verzinsung bei einem gleichzeitig geringen Ausfallrisiko durch die Insolvenz eines Schuldners. In der Zeit nach der Jahrtausendwende mit ihrem hartnäckigen Niedrigzins interpretierten einige Geldmarkt-Fondsmanager den Begriff der Anleihe aber immer großzügiger. Waren es zunächst wie selbstverständlich Staatsanleihen, in die nur investiert werden durfte, so fanden sich nun immer mehr Unternehmensanleihen mit kurzen Restlaufzeiten in den Portfolios wieder. Schließlich wurde das Anlageuniversum noch auf strukturierte Schuldpapiere – die inzwischen berühmt-berüchtigten Asset Backed Securities (ABS) – ausgeweitet.

Dieses Vorgehen half zunächst, angesichts mickriger Kurzfristzinsen von rund 2 Prozent am klassischen sicheren Geldmarkt die Wertentwicklung über diese Schwelle nach oben zu drücken und dadurch mit Tagesgeldangeboten ab 3 Prozent aufwärts wieder mithalten zu können. Mitte 2007 brach der Markt für strukturierte Anleihen jedoch zusammen. Die Papiere waren plötzlich nicht mehr handelbar. Geldmarktfonds, die sich von ihnen ferngehalten hatten, konnten ihr Versprechen eines steten Wertzuwachses weiterhin erfüllen. Wer sich jedoch kräftig bedient hatte, fand sich plötzlich in einem Teufelskreis wieder. Für die Schuldtitel wird kein Preis gestellt. Gleichzeitig muss verkauft werden, weil die Anleger ihre Fondsanteile zurückgeben.

Liquidität ist kein Naturgesetz, sondern hat ihren Preis – das ist die Lehre dieser Tage. In Einzelfällen betrug der Preis für den Anleger minus 20 Prozent und mehr. Der Ruf der Geldmarktfonds als sicherer Hort für nicht benötigtes Geld ist damit auf absehbare Zeit dahin. Von manchem einst milliardenschweren Geldmarktfonds, der jahrelang dank eines größeren ABS-Engagements Spitzenergebnisse erzielte, sind inzwischen nur noch rauchende Trümmer übrig.

Letztlich hat sich das Prinzip bewährt, von den großen Gewinnern der jüngeren Vergangenheit tunlichst die Finger zu lassen. Kontinuierliche Anlageergebnisse über dem Durchschnitt sind höher zu schätzen als Spitzenplätze in Wettbewerbsvergleichen. Zurückliegende Ergebnisse sind ein wertvoller Hinweis, um die Leistungsfähigkeit eines Vermögensverwalters und das Potential eines Marktes abzuschätzen. Doch als alleinige Entscheidungsgrundlage neigen sie zu Fehlsignalen und sind deshalb sehr gefährlich. So hilfreich also der Blick in den Rückspiegel immer wieder sein mag: Unerlässlich ist vor allem ein kurzer Blick auf die aktuelle Verfassung des Zielobjekts.

SCHLUSSFOLGERUNGEN

- In Ranglisten finden sich die Gewinner von gestern.
- Kontinuierlich gute sind besser als kurzfristig ausgezeichnete Anlageergebnisse.
- Kursblasen an der Börse platzen – früher oder später.

FEHLER NUMMER SIEBEN

Selbst das langweiligste Partygespräch kommt regelmäßig in Schwung, wenn die Rede auf einen vermeintlich sicheren Aktientipp kommt. Dann kann über die Gründe des angeblichen Schnäppchenpreises gefachsimpelt und von den größten Gewinnen aller Zeiten geträumt werden. Die Wahrscheinlichkeit eines Volltreffers im Lotto lässt sich mathematisch berechnen. Sie liegt bei 1 zu 140 Millionen und ist damit relativ ernüchternd. Ein Volltreffer an der Börse erscheint dagegen wesentlich wahrscheinlicher. Man muss eben nur zur richtigen Zeit das richtige Wertpapier besitzen.

Von diesem Traum leben auch die vermeintlichen Tippgeber. Nicht nur auf Partys sind sie regelmäßig unterwegs. Die einschlägigen Internetforen sind ebenfalls voll von guten Hinweisen. Doch billig gekauft zahlt meistens drauf – nicht nur beim Einzelhändler. Im günstigsten Fall geht es bei solchen freundlichen Hinweisen um Wichtigtuerei. Im Normalfall wird Werbung in eigener Sache betrieben, um durch gutes Zureden einer Spekulation auf die Sprünge zu helfen.

Tatsächlich ist auch an der Börse die Kunst jedes guten Kaufmanns gefragt: Der Gewinn entsteht beim Einkauf. Billig kaufen, teuer verkaufen – auf mehr kommt es in der Geldanlage eigentlich nicht an. Doch ist es alles andere als leicht, die wirklich günstigen Angebote zu erkennen. Dass es Privatanleger noch dazu mit überlegenen Gegenparteien zu tun bekommen, macht die Sache nicht einfacher. Da gibt es nichts schönzureden: Schon angesichts ihrer schieren Größe bekommen professionelle Investoren automatisch die besseren Informationen.

Die größte deutsche Fondsgesellschaft DWS Investment hat beispielsweise bis heute noch keine Abteilung, die sich speziell mit der Analyse von einzelnen Aktien befasst. Warum auch? Wenn Händler in den großen Investmentbanken einen interessanten Hinweis bekommen, rufen sie schon von selbst an, um mit der Fondsgesellschaft im Geschäft zu bleiben. Wenn DWS-Fondsmanager eine Kaufentscheidung fällen, geht es gleich um mehrere Millionen Euro. Da lässt sich einiges an Händlerprovision verdienen. Viel mehr jedenfalls als mit den vergleichsweise kleinen Aufträgen von Privatanlegern. Diese bekommen dann die geldwerte Information ein paar entscheidende Stunden später. Wer nicht an den Informationsvorsprung professioneller Anleger glaubt, sollte sich einmal anschauen, wie sich Kurse vor der Verkündung von Gewinnrevisionen oder Dividendenkürzungen bewegen.

Wer sich selbst auf die Suche nach einer interessanten Aktie begibt, muss diese Vorgänge im Hinterkopf behalten. Natürlich gibt es allgemein zugängliche Kennziffern, an denen sich gut ablesen lässt, ob eine Aktie eher teuer oder eher billig ist. Die entscheidende Größe ist dabei der

Unternehmensgewinn, an dem der Aktionär beteiligt wird. Einen guten Überblick gibt das schon erwähnte Kurs-Gewinn-Verhältnis. Liegt es im einstelligen Bereich, ist das Wertpapier vergleichsweise günstig. Jenseits der 20 muss das Geschäftsmodell wiederum sehr überzeugend sein, um den vergleichsweise hohen Preis zu rechtfertigen.

Doch die Schwierigkeiten mit dieser Kennziffer fangen schon damit an, welcher Gewinn zur Berechnung herangezogen wird. Nimmt man den Gewinn aus dem abgelaufenen Geschäftsjahr, hat man zwar eine Angabe auf der Basis realer Geschäftszahlen. Diese Zahl ist aber Schnee von gestern und von der Börse längst schon abgehakt. Entscheidend für die Akteure an der Börse ist vielmehr der zu erwartende Gewinn im laufenden Geschäftsjahr oder in den kommenden Jahren. Und schon bewegt man sich auf unsicherem Terrain. Denn nun muss man sich auf die Gewinnschätzungen von Analysten verlassen.

Der Zugang zu diesen Angaben stellt kein Problem dar. In jedem gut sortierten Kursteil einer Tageszeitung sind die durchschnittlich erwarteten Gewinne und das sich daraus abzuleitende Kurs-Gewinn-Verhältnis zu finden. Doch kommt es zu größeren Abweichungen der tatsächlich erwirtschafteten Ergebnisse von den Prognosen der Analysten, können Anleger böse Überraschungen erleben.

In der Finanzkrise war das besonders gut bei Bankaktien zu beobachten. So rasant schmolzen die Gewinne der zuvor noch hochprofitablen Kreditinstitute zusammen, dass Analysten mit ihren Gewinnanpassungen gar nicht mehr hinterher kamen. Was eben noch wie ein Mega-Schnäppchen bei einem erwarteten Kurs-Gewinn-Verhältnis von 5 aussah, konnte schon wenige Tage später ein Verlustbringer sein – ohne Aussicht auf rasche Besserung. Die Investmentbank Lehman Brothers machte im Jahr vor ihrem Zusammenbruch noch einen Milliardengewinn. Als das Geld knapp wurde, spielte das aber keine Rolle mehr. Eben noch ein Sonderangebot, und kurze Zeit darauf ist das Geld schon komplett verloren.

Ähnlich problematisch verhält es sich auch mit der Dividendenrendite, die gern vor einer Anlageentscheidung für die Einschätzung herangezogen wird, ob eine Aktie gerade günstig zu haben ist. Vereinfacht gesagt lässt sich daran die Verzinsung des Wertpapiers zum Einstiegskurs ablesen. Das kann für eine gewisse Beruhigung in schwierigen Börsenzeiten sorgen. Zwischenzeitliche Verluste lassen sich besser mit dem Gedanken ertragen, dass der Kurs in Zukunft irgendwann einmal wieder auf dem Niveau zum Zeitpunkt des Kaufs der Aktie sein muss. Bis dahin lassen sich aus der jährlichen Ausschüttung bis zu 5 Prozent verdienen.

Die Sache hat nur einen Haken: Zahlt das Unternehmen auch in Zukunft stabil seine Dividende? Bei konservativen Geschäftsmodellen mit einem steten Geldzufluss, wie dies etwa bei Ölkonzernen oder Energieversorgern der Fall ist, kann man getrost davon ausgehen. Bei konjunktursensiblen Titeln wie Stahlerzeugern oder Einzelhändlern sieht das schon ganz anders aus. Leider hat die Dividendenrendite auch die unangenehme Eigenschaft, dass sie besonders attraktiv erscheint, wenn eine kräftige Kürzung der Ausschüttung bevorsteht oder sogar der Zusammenbruch des Unternehmens droht. Berechnet wird sie nämlich auf Basis der zuletzt erfolgten Ausschüttung. Aktuelle Ereignisse bleiben unberücksichtigt.

Sich ausschließlich auf die genannten Kennziffern zu verlassen, ist – gelinde gesagt – grob fahrlässig. Wenn eine Aktie besonders billig erscheint, sollte man sich vielmehr auf die Suche nach den Quellen begeben, aus denen sich die Zurückhaltung professioneller Anleger möglicherweise speist. Man darf niemals vergessen, dass andere Anleger das Gleiche sehen. Warum zögern sie dann, bei einem offensichtlich unterbewerteten Titel beherzt zuzugreifen? Wissen sie möglicherweise mehr? Stehen unangenehme Überraschungen ins Haus? Welcher Art könnten diese sein? Solche Fragen sollte man sich nach einem vermeintlich heißen Tipp immer stellen. Wer gutgläubig in einen Titel marschiert, steht hinterher meist mit leeren Händen da.

Vergleichbar ist das mit dem Kauf eines Wohnhauses. Jeder Kaufinteressent, der halbwegs bei Verstand ist, wird sich wundern, wenn das angebotene Haus nur die Hälfte von dem kostet, was für ein ähnliches Objekt in direkter Nachbarschaft verlangt wird. Ganz automatisch wird er sich deshalb auf die Suche nach dem Haken bei der Sache begeben.

Zieht der Schimmel die Wände hoch? Lauert Asbest im Gemäuer? Erweisen sich die neuen Nachbarn möglicherweise als Plage?

Vielleicht ist es ja tatsächlich ein Mangel, mit dem man angesichts des niedrigen Preises leben kann – dass es wesentlich billiger kommt, den versteckten Mangel selbst zu beseitigen als dem höheren Preis bei einem anderen passenden Objekt zu folgen. Vorher muss man sich aber erst einmal auf die Suche nach dem Haken bei der Sache begeben und nicht blauäugig dem Verkäufer vertrauen, dass schon alles seine Richtigkeit haben wird. So selbstverständlich diese Vorgehensweise beim Kauf einer Immobilie ist, so ist sie in der Wertpapieranlage leider nur rudimentär verbreitet.

Letztlich kommt in der Aktienanlage nach einem genaueren Blick häufig heraus, dass billige Titel vor allem Wettscheine sind. Meist wird dann gerade das Geschäftsmodell des jeweiligen Unternehmens einer Zäsur unterzogen – und es ist noch nicht abschätzbar, ob das gut ausgeht. Manchmal kann die Wette tatsächlich aufgehen. Glücklich durften sich beispielsweise die Aktionäre von Amazon und Ebay schätzen, die nach dem Platzen der Internetblase kurz nach der Jahrtausendwende die Nerven behielten. Die beiden Werte waren Wetten darauf, dass es trotz der heftigen Markterschütterungen auch in Zukunft funktionierende Geschäftsmodelle im Internet geben kann. Der Internet-Einzelhändler und die Auktionsplattform haben diese Erwartungshaltung eindrucksvoll bestätigt.

Dass diese Entwicklung allerdings nicht zwangsläufig war, macht das gleichzeitige Verschwinden vieler Internetbuden deutlich, die der Hype zunächst an die Börse gespült hatte, deren Geschäftsidee sich allerdings als nicht tragfähig erwies. Beispielhaft dafür ist der Aufstieg und Fall von Stephan Schambach mit seiner Software-Schmiede Intershop. Schambach passte gut in die damalige Aufbruchszeit. Er hatte die plausibel klingende Idee, ausgefeilte Software-Programme für Internet-Einzelhändler zu erstellen. Viele Anleger beeindruckte zudem sein souveräner Auftritt.

Doch in der Stunde der Wahrheit, als plötzlich sichtbar wurde, dass die Erwartungen der wirtschaftlichen Realität weit vorausgeeilt waren, begannen die Mitarbeiter in Jena als erste, ihre Aktien auf den Markt zu werfen. Gleichzeitig lernten Privatanleger, dass man niemals gleichzeitig Fan und Aktionär eines Unternehmens sein sollte. Das trübt den Blick auf die Wirklichkeit. Vom einstigen Wachstumswunder aus der aufstrebenden thüringischen Stadt ist nur noch wenig übrig geblieben.

Allzu sicher darf man sich an der Börse ohnehin nie fühlen. Unvergessen bleibt das todsichere Geschäft, auf einen fallenden Aktienkurs von Volkswagen zu setzen, als Porsche den viel größeren Konkurrenten 2008 ins Visier nahm. Die klassischen Bewertungsmaßstäbe für die VW-Aktie waren zu jener Zeit jenseits von Gut und Böse. Das Kurs-Gewinn-Verhältnis lag jenseits der 50, der Wert des Unternehmens an der Börse ließ die Marktkapitalisierung der Konkurrenten weit hinter sich. Der Kurs konnte eigentlich nur fallen.

Es sah also ganz danach aus, als müsste man seinen Berater nur fragen, wie man auf fallende Kurse bei Volkswagen wetten kann. Doch plötzlich war das sonst so ausufernde Angebot an entsprechenden Anlagezertifikaten knapp. Einzelne Anlageberater machten sich aber immerhin für gute Kunden die Mühe, ihnen die Möglichkeit des Leerverkaufs nahezubringen und bei der Umsetzung Hilfestellung zu leisten.

Das Prinzip eines Leerverkaufs ist relativ einfach zu verstehen: Man borgt sich eine Aktie, die am Aktienmarkt gerade 10 Euro kostet, und verspricht dem Besitzer, sie in einem halben Jahr zum gleichen Preis zuzüglich einer geringen Gebühr für die Leihe zurückzugeben. Für den Besitzer lohnt sich das, weil er die Aktie ohnehin behalten wollte und nun zusätzlich noch einen kleinen Obolus bekommt. Und sein Geschäftspartner kann nun mit seiner Spekulation auf einen fallenden Aktienkurs unmittelbar loslegen. Dazu wird die Aktie in dem Moment, in dem man sie leihweise erhält, sofort für 10 Euro verkauft – in der Erwartung, sie demnächst für 5 Euro zurückkaufen zu können und dann dem Besitzer wieder abzuliefern. Die Differenz wäre der Gewinn des Leerverkaufs. Schwierig ist die Umsetzung heutzutage nicht mehr. Die Terminbörse Eurex steht beispielsweise als ideale Handelsplattform für ein solches Vorgehen auch Privatanlegern sperrangelweit offen.

Doch wehe der Kurs geht während des Leihgeschäfts kräftig nach oben, wie dies mit der VW-Aktie geschah. Dann kann es für den Spekulanten, der mit fallenden Kursen gewinnen will, ganz rasant in die andere Richtung gehen. Wer nämlich seine Aktien ganz normal über die Börse kauft und dann in seinem Depot liegen lässt, der kann im schlimmsten Fall lediglich seinen Einsatz komplett verlieren. Wer jedoch über eine Wertpapierleihe auf fallende Kurse spekuliert, dessen Verlustrisiko ist theoretisch unendlich. Verdoppelt sich in unserem Beispiel etwa der Kurs über das nächste halbe Jahr auf 20 Euro, muss der Spekulant aus seiner Tasche noch einmal genauso viel draufzahlen, wie an Geld schon eingesetzt war. Je höher also der Kurs steigt, umso mehr vervielfacht sich der Verlust.

Der Fall VW war deshalb so spektakulär, weil sehr viele Anleger die gleiche Strategie verfolgten und sich die Rückgabetermine offensichtlich zu bestimmten Terminen kumulierten. Einige große Spekulanten mussten sich also dummerweise zum gleichen Zeitpunkt wieder mit VW-Aktien eindecken, um sie ihren Geschäftspartnern zurückgeben zu können. Doch plötzlich waren auf dem Markt kaum noch VW-Aktien im Umlauf. Angesichts des Termindrucks wechselten diese dann zu Mondpreisen den Besitzer. Vergleichbar ist das Geschehen wohl nur mit dem Schwarzmarkt für Eintrittskarten zum Finale bei einer Fußball-Weltmeisterschaft.

Innerhalb von Stunden lösten sich im Sommer 2008 große, teilweise über Generationen angehäufte Vermögen auf.

Und am Ende hatten die Leidtragenden gelernt, dass das vermeintliche Sonderangebot, das absolut sichere Geschäft, nur ein Kapitalvernichter par excellence war. Der Fachbegriff dafür lautet „Short Squeeze". Was geschehen ist, lässt sich aber auch mit einem passenden Spruch erfahrener Börsianer auf gut Deutsch erklären: Auf dem Parkett ist Zwei plus Zwei nicht zwangsläufig Vier, sondern zuweilen auch Fünf minus Eins."

Anleger sollten auch niemals aus den Augen verlieren, dass so mancher guter Aktientipp nicht ganz uneigennützig gegeben wird – auch und vor allem aus den Analyseabteilungen der Banken und Investmentgesellschaften. Wenn sich jemand ungewöhnlich heftig für einen Einzelwert ins Zeug legt, ist auf jeden Fall Skepsis angebracht. Offenbar hat derjenige eine größere Position dieses Wertpapiers schon in seinem Besitz – und braucht nun viel Nachfrage, um den Kurs nach oben zu treiben. Es geht also nur um gute Geschäfte mit gutgläubigen Zeitgenossen. Die Wirklichkeit sieht jedoch so aus, dass Volltreffer rar gesät sind. Wir haben jedenfalls noch nie jemanden getroffen, der bei Microsoft oder SAP ein Aktionär der ersten Stunde war.

So verbreitet die Schnäppchenjagd in der Aktienanlage ist, so zurückhaltend sind Privatanleger erstaunlicherweise bei der Suche nach preisgünstigen Anlageprodukten. Dabei wartet gerade auf diesem Feld die Belohnung für jeden, der sich doch eines Tages aufrafft, um sich ernsthaft mit dem Thema Geldanlage auseinanderzusetzen. Denn es gilt die

Formel: Je zurückhaltender ein Geldanlageprodukt vom Privatkundenberater angeboten wird, umso geringer dürfte die Gebührenbelastung sein, die letztlich vom Gewinn abgezogen wird. Je mehr man sich also mit den Möglichkeiten der privaten Geldanlage auseinandersetzt, je mehr man sich unabhängig vom Berater bewegen kann, umso günstiger wird der Zugang zu den Finanzmärkten und seinen vielfältigen Möglichkeiten.

So haben beispielsweise die Rabattangebote von Direktbanken für Investmentfonds, bei denen teilweise komplett auf den üblichen Ausgabeaufschlag verzichtet wird, tatsächlich keinen Haken. Weil der typische Direktbankkunde so gut wie keinen Beratungsbedarf hat, haben die Institute weniger Aufwand mit ihm und kommen somit auch ohne die anfängliche Provision auf ihre Kosten. Sie verdienen ihr Geld durch einen Anteil an der jährlich fälligen Verwaltungsgebühr, die bei Aktienfonds im Normalfall zwischen 1,5 und 2 Prozent liegt. Das ist immer noch eine happige Gebühr – aber im Vergleich zu den üblichen Kosten, die für eine Fondsanlage fällig werden, ein Sonderangebot. Ganz zu schweigen von fondsgebundenen Lebensversicherungen, strukturierten Anlagezertifikaten oder den unternehmerischen Beteiligungsangeboten über geschlossene Fonds, die teilweise um ein Vielfaches teurer sind.

Bemerkenswert ist jedoch, dass Privatanleger an den günstigsten ihnen zur Verfügung stehenden Anlageprodukten nun schon seit Jahren achtlos vorübergehen. Das wirft ein unmissverständliches Schlaglicht auf die Anlagekultur in Deutschland. Seit dem Jahr 2000 sind hierzulande börsengehandelte Indexfonds auf dem Markt. Ihr wesentliches Merkmal besteht darin, dass sie passiv die Wertentwicklung eines Marktbarometers – beispielsweise den Dax – identisch nachvollziehen. Dafür wird kein Ausgabeaufschlag fällig, weil der Kauf über die Börse stattfindet. Und auch die jährliche Verwaltungsgebühr ist mit gerade einmal 0,1 bis 0,5 Prozent konkurrenzlos günstig. Angesichts der üblichen Verwaltungsgebühr für klassische Aktienfonds von bis zu 2 Prozent im Jahr sind börsengehandelte Indexfonds eigentlich ein unwiderstehliches Sonderangebot – vor allem vor dem Hintergrund, dass ohnehin weniger als die Hälfte der klassischen, aktiv von einem Fondsmanager geführten Investmentfonds in der Lage ist, den Vergleichsindex zu schlagen.

Allerdings bedeutet die extrem niedrige Gebührenbelastung auch, dass es für die Zahlung von Provisionen keinen Spielraum gibt. Deshalb haben im üblichen provisionsgetriebenen Beratungsgeschäft börsennotierte Indexfonds keine Chance. Sie werden nicht verkauft, weil sie besonders günstig für den Privatanleger sind. Darüber darf man ruhig einmal etwas länger nachdenken.

SCHLUSSFOLGERUNGEN

- Billig gekauft zahlt meistens drauf.
- Für den Wert einer Aktie ist der Unternehmensgewinn der entscheidende Maßstab.
- Privatanleger bekommen die guten Tipps zuletzt.

FEHLER NUMMER ACHT

Der Hang zum Nestbau sollte auch bei uns Menschen niemals unterschätzt werden. Spätestens wenn sich Nachwuchs ankündigt, muss in vielen Familien endlich das eigene Häuschen her. Diese Entscheidung wird also eher emotional gefällt. Mit einer rationalen Kapitalanlageentscheidung hat das nichts zu tun.

Mein Haus, mein Kombi, mein Teutonia-Kinderwagen – das ist der Rhythmus, wo viele mit müssen. Aber auch die mangelnde Rücksicht der Nachbarn treibt viele Deutsche ins Eigenheim. Oder der Stress mit dem Vermieter nach heftigen Diskussionen über die Abrechnung der Nebenkosten. Oder die Illusion von der Immobilie als Form der Altersvorsorge. Es gibt viele Auslöser, die Wohneigentum als erstrebenswertes Ziel erscheinen lassen. Doch es gibt einen Grundkonsens: Die Deutschen bauen oder kaufen ihre Immobilie, um darin alt zu werden.

Ein Eigenheim stellt neben einer Scheidung in der Regel die bedeutendste finanzielle Entscheidung im Leben dar. Deshalb sollte nicht aus einer Laune heraus über die Anschaffung von Wohneigentum entschieden werden. Es gibt jedoch Studien, die belegen, dass weit mehr als die Hälfte der Immobilienkäufer ihre Entscheidung rein gefühlsmäßig, sozusagen aus dem Bauch heraus, trifft. Bei Eigennutzern mag das für den späteren Wohlfühleffekt durchaus wichtig sein. Aber auch ohne Renditekennzahlen sollte man eine mögliche Veräußerung des Objekts niemals aus den Augen verlieren. Vor allem Angestellte mit einem höheren Einkommen haben das mittlerweile erkannt und lassen inzwischen Überlegungen hinsichtlich des Wiederverkaufs vor dem Erwerb eines Eigenheims zu. Denn die heute geforderte Mobilität im Arbeitsalltag kann schnell zum vorzeitigen Verkauf des Eigenheims führen.

Grundsätzlich sollte man heutzutage nicht mehr von einer Wertsteigerung der Immobilie ausgehen. Die Lage war, ist und bleibt die entscheidende Größe für die Werthaltigkeit. Daneben hat noch der Bedarf einen wesentlichen Einfluss. Ballungsgebiete profitieren derzeit immer mehr vom Zuzug von Arbeitskräften. In den anderen Gegenden geht die Nachfrage dagegen beständig zurück. Professionelle Immobilienmarktrecherchen betrachten oft nur noch Städte mit mindestens 100.000 Einwohnern. Dadurch klafft die regionale Schere immer weiter auseinander.

Die wenigsten Immobilienbesitzer kennen den Verkehrswert ihrer Immobilie, weil sie gerade nicht verkaufen wollen. Diese Mischung aus Liebhaberei und Augenwischerei kann gefährlich werden. In landschaftlich bezaubernden, aber strukturschwachen Gegenden in Deutschland stehen reihenweise Häuser leer.

Nüchtern betrachtet ist das Eigenheim inzwischen mehr Konsum und weniger Kapitalanlage. In Eigenheimen sind Sonderausstattungen an der Tagesordnung. Es spricht nichts gegen teure Fliesen, technische Raffinessen, die Traumküche oder den ausgebauten Keller mit Heimkino oder Fitnessraum. Das Interieur ist individuell, also reine Geschmackssache. Dies wird am Markt beim Verkauf jedoch selten honoriert. Eigen- und Fremdbild holen hier manchen stolzen Besitzer gnadenlos auf den Boden der Tatsachen zurück.

Gern wird selbst Aktionismus betrieben, um dem Käufer die Maklercourtage zu ersparen und dadurch einen höheren Verkaufspreis erzielen zu können. So sind etwa in Verkaufsangeboten im Internet Fotos von Küchen oder Bädern zu bewundern, die die Verkäufer offenbar schön finden. Gleichzeitig fehlen die für eine Kaufentscheidung relevanten Angaben wie Flächenberechnungen und Raumaufteilungen. Auch Fotos zum Umfeld des angebotenen Hauses sucht man oft vergebens. Wenn sich daraufhin niemand meldet, mag die Verwunderung bei dem potentiellen Verkäufer groß sein – die Zurückhaltung ist jedoch kein Wunder. Auf der Suche nach einem guten Bestandsobjekt führt im Normalfall kein Weg am Immobilienmakler vorbei. Hier sind sowohl regionale als auch auf Marktsegmente spezialisierte Größen die ersten Adressen.

Bei der Lage sollten potentielle Eigenheimbesitzer neben den Spritkosten und der Notwendigkeit eines Zweitwagens auch den Zeitfaktor für den Weg zur Arbeit bedenken. Im

Stau zu stehen ist für manchen trotz gleitender Arbeitszeiten ein alltäglicher Horrortrip. Im Grünen zu wohnen garantiert deshalb noch lange nicht die Zufriedenheit, die viele davon erwarten. Der Trend zurück in die Stadt mag vor diesem Hintergrund mit einer alternden Gesellschaft, aber auch mit der neuen Wertschätzung von kurzen Wegen zusammenhängen. Eine passende Infrastruktur ist jedenfalls Basis für einen passenden Mikrokosmos.

Das Mieten einer Wohnung und Immobilienbesitz als Kapitalanlage hat rein rational betrachtet den meisten Sinn. Bei einem Neubau können Häuslebauer getrost von 10 bis 15 Prozent Mehrkosten ausgehen. Das verkraftet jedoch so manche Familienkasse nicht. Die Deutschen können zudem nur schwer auf einen Keller verzichten. Sie lieben diese teuren Abstellflächen. In Hanglage und in früheren Sumpflandschaften wird die Kalkulation mit einer weißen Wanne nochmals teurer als gedacht. Auch der Hang zum Einfamilienhaus ist ein teures Vergnügen. Käufer von Zweifamilienhäusern stellen sich im Einkauf finanziell besser.

Haufenweise Risiken schlummern in vielen Vollfinanzierungen, wie sie beispielsweise in der Niedrigzinsphase nach der Jahrtausendwende verbreitet waren. „Kaufen statt mieten" überzeugte damals so manchen, der zuvor nicht einmal im Traum an Immobilieneigentum gedacht hatte. Wenn nach dem Auslaufen der Zinsbindung der monatliche Aufwand teurer wird als zu Beginn, hinterlässt das böse Bremsspuren in der Haushaltskasse. Meistens sind empfindliche

Einschränkungen in der Lebensqualität die Folge. Denn mit der von Banken geforderten Minimaltilgung von anfänglich einem Prozent hat man bei der klassischen Zehnjahresfinanzierung bei einem niedrigen Zinsniveau weniger als 15 Prozent des ursprünglichen Darlehens getilgt. Wenn später die Zinsen steigen, kann das bedeuten, dass für die verbleibenden 85 Prozent mehr für Zins und Tilgung gezahlt werden muss, was vielen aus heutiger Sicht unverständlich erscheint. Die Gefahr durch zweistellige Zinsen, wie sie noch Anfang der neunziger Jahre des vergangenen Jahrhunderts üblich waren, wird einfach ausgeblendet.

Tritt ein solches Szenario ein, wird so manche Immobilienfinanzierung platzen und die Zwangsversteigerung nicht lange auf sich warten lassen. Oft darf es nämlich bei Ecke auf Kante genähten Finanzierungen kein bisschen mehr Tilgung sein. Ein Hinweis vom finanzierenden Kreditinstitut in solchen Fällen, den Traum vom Eigenheim lieber erst einmal zurückzustellen und noch ein bisschen zu sparen, ist nicht zu erwarten. Geschäft kommt hier vor Lebenshilfe. Drum prüfe, wer sich ewig bindet: Seriöse Finanzierer simulieren immerhin gnadenlos für das Ende der Zinsbindung einen Durchschnittszins von 7,5 Prozent, damit die Finanzierung wirklich auch langfristig tragbar ist. Eine Entschuldung dauert oft länger als 30 Jahre – damit hält die Kreditbeziehung zu einer Bank heutzutage statistisch gesehen länger als eine Ehe.

Glücklicherweise hat sich die amerikanische Form der Immobilien-Vollfinanzierung ohne jegliches Eigenkapital mit noch ein paar tausend Euro extra für die Ausstattung in Deutschland nicht durchgesetzt. Es war eine schnelllebige Mode, Erwerbsnebenkosten für Grunderwerbsteuer, Immobilienmakler, Notar und Grundbuchamt mitzufinanzieren. Sie erhöhen nicht automatisch den Wert einer Immobilie um 10 Prozent. Das heutige Risikomanagement in den Banken hat seine Hausaufgaben bei Immobilienfinanzierungen gemacht. Mittlerweile gehen die Konditionen von Finanzierungen mit 50 Prozent Eigenkapital und von Vollfinanzierungen extrem weit auseinander.

Manche Kaufinteressenten wollen sich schnellstens ihres Kredites entledigen. Das ehrt sie, aber als Eigenheimbesitzer ist man nicht auf der Flucht. Die Höhe der Instandhaltungsrücklage ist bei Eigentumswohnungen ein ewiger Diskussionspunkt in den Eigentümerversammlungen. Eigenheimbesitzer vergessen jedoch häufig, dass die Lebenshaltungskosten mit den persönlichen Ansprüchen steigen, die Immobilie aber nicht nur gepflegt, sondern auch instand gehalten werden muss und dafür genügend Geld in der Kasse sein sollte.

Notwendige Instandhaltungen werden ohnehin gern ausgeblendet – bis sie dann nicht mehr verdrängt werden können. In solchen Fällen kann jedoch ein zuteilungsreifer Bausparvertrag überaus hilfreich sein – die viel beschworene Krankenversicherung fürs Haus. Bausparen ist hierzulande ein positiv besetzter Begriff. Es gilt als solide, wird staatlich mit der Wohnungsbauprämie und der Arbeitnehmersparzulage gefördert. Es ist die Geldanlage zum Sparenlernen. Vielleicht ist die grundsätzliche Empfehlung, mindestens mit 20 Prozent Eigenkapital zu bauen, auch dem Einfluss des konservativen Bausparens zu verdanken.

Leider gibt es jedoch zahlreiche Verkäufer von Bausparverträgen, die in erster Linie an sich selbst denken und am Bedarf ihrer Kunden vorbei beraten. In der Praxis existieren Verträge für Kleinsparer mit sechsstelligen Bausparsummen – also der Summe aus angespartem Guthaben und Darlehen. Die Provision des Vertreters bemisst sich nämlich nicht am Bedarf des Kunden, sondern eben an der Höhe der abgeschlossenen Bausparsumme. Für Bausparer ist es glücklicherweise keine höhere Mathematik, die passende Bausparsumme zu fixieren. Die Regel lautet: Mehrere kleine Verträge mit zeitlich versetzter Zuteilung passen immer.

Eine Immobilie zumindest teilweise mit Bausparvertrag zu finanzieren, ist eine typische Empfehlung in der privaten Finanzierung. Man sichert sich beim Bausparen einen niedrigen Darlehenszins in der Zukunft, unabhängig vom Kapitalmarkt. Das klingt zwar gut. Bei einer sofort benötigten Finanzierung wird allerdings bis zur Zuteilung von der Bausparkasse eine Zwischenfinanzierung verkauft, in deren Effektivzins die Differenz zum niedrigeren Sparzins des eigentlichen Bausparvertrages nicht eingepreist ist. Deshalb ist die Vorteilhaftigkeit gegenüber einem Annuitätendarlehen, wo der Kredit direkt getilgt wird, häufig nur vorgetäuscht.

Da bei einer Immobilienfinanzierung viele Neuigkeiten auf den Erwerber einstürzen, wird hier mit viel Verkäufergeschick die vorherrschende Ahnungslosigkeit ausgenutzt, ohne dass es der Kunde merkt. Hinterher ist der Bezahlende schlauer. Das Vertrauen zum Vermittler ist dann zwar dahin. Aber die besonders skrupellosen Verkäufer leben ohnehin davon, dass der Durchschnittsbürger nur eine Immobilienfinanzierung in seinem Leben braucht.

Auf einem niedrigen Zinsniveau unter 5 Prozent sollte man sich die Kondition langfristig sichern. 15 oder 20 Jahre hören sich für manchen unendlich lange an, aber das ist sinnvoll. Immerhin hat der Gesetzgeber vorgesorgt und für den Kreditnehmer ein einseitiges Kündigungsrecht nach zehn Jahren mit sechsmonatiger Kündigungsfrist festgeschrieben. Vielen ist diese Regelung nicht bekannt, weil es ihnen nie angeboten wurde. Ein Finanzierungskonzept hörte früher bei Zehn-Jahres-Konditionen auf. Bei vielen Angeboten ist das heute noch der Fall. Inzwischen haben aber einzelne innovative Finanzierungsanbieter wie beispielsweise einige Direktbanken den Markt durcheinander gerüttelt – zum Vorteil der Verbraucher.

Heutzutage ist es möglich, sich mit verschiedenen Bausteinen seine individuelle Finanzierung zu basteln. Diese Flexibilität kommt den veränderten Lebensläufen, die sich deutlich beschleunigt haben, entgegen. So erlaubt beispielsweise eine kostenfreie Sondertilgungsoption eine jährliche außerordentliche Tilgung, soweit man Geld übrig hat. Die Tilgungsänderungsmöglichkeit erlaubt eine Erhöhung der monatlichen Rate bei Gehaltssprüngen und bei manchen Finanzierungsanbietern eine Reduzierung, wenn in der Haushaltskasse Ebbe herrscht.

Den Gegenentwurf zur flexiblen Finanzierungsvariante liefert die absolut kalkulierbare Volltilgung. Sie hat den Charme, dass über die komplette Darlehenslaufzeit der Zins und damit auch die monatliche Belastung konstant bleibt. Auf diesem Wege wird das Zinsänderungsrisiko ausgeschlossen, da keine Restschuld nach dem Auslaufen der Zinsbindung verlängert werden muss. Der Kredit läuft solange, bis er komplett getilgt ist. Die gesamte Finanzierung steht auf sicheren Beinen. Und man schlägt der Bank ein Schnippchen, die oft für Neukunden scharf kalkuliert und erst bei der späteren Verhandlung der Konditionen, Prolongation genannt, Geld verdienen will beziehungsweise muss.

Es ist ein nicht nachvollziehbares Verhalten vieler Häuslebauer, dass sie sich auf das Angebot ihrer Hausbank blind verlassen. Diese nutzt wiederum die Kundenbindung aus, indem das erste Angebot nicht das bestmögliche Finanzierungskonzept ist. Nachverhandeln oder über den Tellerrand zu recherchieren, bringt immer eine nennenswerte Ersparnis der Gesamtfinanzierungskosten – auch wenn dies mit zeitlichem Aufwand und guten Nerven verbunden ist, die allerdings oft in einer solch einschneidenden Lebensphase blank liegen.

Hier sind freie Finanzberater, die mit mehreren Banken kooperieren und Detailkenntnis über die Feinheiten der jeweiligen Darlehensgestaltung besitzen, eine gute Alternative. Auch Direktbanken können gute Finanzierungspartner für Häuslebauer sein, wenn sie in das Raster einer Kreditfabrik passen. Hierbei sollte der Darlehensnehmer jedoch Vertrauen in seinen Vertragspartner haben und von der Qualität des Personals überzeugt sein. Nachfragen in Call-Centern sind Geschmacksache und haben schon so manchen in tiefe Verzweiflung gestürzt.

Vergleichen sollte man die verschiedenen Finanzierungsangebote auf jeden Fall nicht nur nach dem Zins, was fälschlicherweise oft passiert. Auch ein Effektivzins, der einst durch die Preisangabenverordnung zu einem verbesserten Verbraucherschutz führen sollte, sagt nicht alles. Am besten kann man verschieden gestrickte Finanzierungsangebote mit dem Gesamtaufwand oder der Restschuld vergleichen.

Immer wieder ist auch die Interpretation zu hören, dass nach einer Absenkung des Leitzinses durch die Europäische Zentralbank eigentlich auch die Finanzierungskonditionen entsprechend günstiger werden müssten. Bei der Immobilienfinanzierung haben wir es jedoch mit Langfristzinsen zu tun, soweit nicht variabel finanziert wird. Der Leitzins der Europäischen Zentralbank steuert aber die kurzfristige Liquidität. Mancher mag es vielleicht, wie international üblich, mit variablen Konditionen versuchen. Das ist aller-

dings eine Wette auf die Entwicklung der Marktzinsen.
Die Finanzkrise hat eindrucksvoll gezeigt, wie kontraproduktiv dieser Ansatz unter irregulären Marktbedingungen ist. Bei günstigen Zinsen empfiehlt sich jedenfalls eine lange Zinsfestschreibung.

Vermeintliche Profis fragen gern Darlehen in Fremdwährungen wie dem Schweizer Franken oder Japanischen Yen nach, um das dort niedrigere Zinsniveau auszunutzen. Ihre Rechnung kann aufgehen, wenn die Wechselkurse stabil bleiben. Verliert der Euro jedoch an Wert, wird es teuer.

Verwundert kann man nur auf jene Eigenheimbesitzer schauen, die blauäugig einen Kaufvertrag unterschreiben und sich erst danach um die Finanzierung kümmern. Vor diesem Hintergrund bringt jeder in der Branche das nötige Verständnis für Immobilienverkäufer mit, die sich vor einem Notartermin die Finanzierungsbestätigung vom Käufer zeigen lassen, um sich vor einer unliebsamen Überraschung zu schützen. Gleichzeitig bringt es den Käufer bei der Darlehensverhandlung in unnötigen Zugzwang. Wenn nicht schon vor dem Notartermin wenigstens mündlich Kontakt mit der Bank aufgenommen wurde, nutzt ein Darlehensgeber den Termindruck des potentiellen Kunden gern zu seinen Gunsten aus.

Um einen Kredit zu bekommen, fühlt man sich oft wie beim Arzt. Man muss sich mit der Selbstauskunft sozusagen finanziell ausziehen. Das heißt aber nicht, dass man sich alles gefallen lassen muss. Eine Sparkasse aus dem Rhein-Main-Gebiet forderte im Frühjahr 2009 beispielsweise von potentiellen Neukunden die Kontoauszüge des letzten Vierteljahres, um eine Kreditentscheidung treffen zu können. Manche Informationspflicht geht einfach zu weit, zumal es sich im konkreten Fall um eine Finanzierung von weniger als der Hälfte des Kaufpreises handelte.

Risikoprüfung hieß lange Zeit auch, dass Gewerbetreibende bei der Kreditvergabe benachteiligt wurden. Ein selbständiger Immobilienmakler klagte einmal sein Leid, dass er um einen Kredit betteln musste, während seine Angestellten ohne Probleme ihre Finanzierung bekamen.

Mit warmen Händen zu Lebzeiten geben – auf diesen Grundsatz besinnen sich viele in der älteren Generation und unterstützen den Nachwuchs finanziell entsprechend ihrer Möglichkeiten. Bei Schenkungen als auch bei zinslosen Privatkrediten, sprich Krediten in der Familie, wird leider oft als großzügige Geste auf schriftliche Vereinbarungen verzichtet, was später jedoch bei Trennung des leiblichen Kindes vom Schwiegerkind unnötigen finanziellen Frust der Eltern nach sich zieht. Das Gegenteil von gut ist nicht schlecht, sondern gut gemeint.

Das erste Haus baut man für den Feind, das zweite für den Freund und das dritte für sich selbst. Die wenigsten können sich nach diesem weisen Spruch richten. Im Normalfall bauen beziehungsweise kaufen die meisten nur einmal im

Leben eine Immobilie. Der mangelnde Erfahrungsschatz lässt sich jedoch durch Erkundungen und Empfehlungen im Verwandten- und Bekanntenkreis durchaus kompensieren. Nur ein Umstand muss allen Beteiligten immer vor Augen stehen: Vermögensstreuung wird beim Eigenheim meist vernachlässigt. Ein großer Teil des Eigenkapitals fließt in die Immobilie – der eigene Herd ist ein Klumpenrisiko.

SCHLUSSFOLGERUNGEN

- Die automatische Wertsteigung einer Immobilie ist eine Fiktion.
- Das Eigenheim ist mehr Konsum und weniger Kapitalanlage.
- Vor der Entscheidung über die Immobilien-finanzierung immer mehrere Angebote einholen.

FEHLER NUMMER NEUN

Auf dem Markt für Geldanlageprodukte geht es so bunt wie in großen Einkaufszentren zu. Um an das Geld ihrer potentiellen Kunden zu kommen, müssen die Anbieter permanent gute Ideen produzieren. Ansonsten gehen ihre Produkte in der Überfülle des Angebots verloren. Zwangsläufig leidet unter diesem Druck der Überblick. Doch in der provisionsgesteuerten Vermögensberatung ist ein Kunde, dessen Geld langfristig auf verschiedene Anlageformen aufgeteilt ist, ohnehin ein schlechter Kunde. Richtig verdient wird nur, wenn permanent umgeschichtet wird.

Es ist immer wieder erstaunlich, wie vertrauensselig viele Anleger ihren Beratern Jahr für Jahr von einer Modewelle zur nächsten folgen. Darunter leidet nicht nur die Risikostreuung – es kostet auch richtig Geld. Wenn Anleger sich wundern, warum sie immer nur die Marktbewegungen nach unten voll mitnehmen und nach oben nur ansatzweise mit dabei sind, sollten sie sich einmal an die vielen bunten Marktstudien erinnern, die immer so nachvollziehbar und logisch klangen. So viele Megatrends werden darin ausgerufen, dass ihre Halbwertzeit inzwischen gefühlt nur noch unter einem Jahr liegt. Solche Zwischensprints machen nur kurzatmig – Geld lässt sich damit jedenfalls nicht verdienen.

Modewellen in der Geldanlage haben die unangenehme Eigenschaft, dass sie dem Marktgeschehen entweder hinterher oder zu weit voran laufen. Manchmal laufen sie auch komplett in die Irre. Ein klassisches Beispiel aus der jüngeren Vergangenheit für die falsche Mode zur falschen Zeit sind die sogenannten Total-Return- und Absolute-Return-Fonds. So richtig haben sich die Anbieter dieser Geldanlageprodukte nie auf eine einheitliche Definition einigen können. Der kleinste gemeinsame Nenner bestand lediglich darin, den Eindruck zu erwecken, dass sich mit diesen Fonds das Verlustrisiko des Anlegers irgendwie in Grenzen halten lässt.

Tatsächlich ist der Grundgedanke, der hinter dieser Fondsfamilie steht, gar nicht einmal so schlecht. Es geht darum, Anlegern eine stabile positive Rendite zu liefern – völlig unabhängig davon, was rundherum an den Kapitalmärkten geschieht. Wenn das Modell also funktioniert, gibt es weniger Rendite in guten Börsenzeiten, dafür aber keine Verluste in schlechten. Nach den Erfahrungen der Anleger in der dreijährigen Baisse nach der Jahrtausendwende klang dieses Versprechen verlockend – und viele Anleger gingen darauf ein.

Leider hat sich in der Finanzkrise herausgestellt, dass die meisten Total-Return- oder Absolute-Return-Fonds nur den ersten Teil ihres Versprechens einhielten. Als die Aktienmärkte nach 2003 auf Erholungskurs gingen, waren die investierten Anleger nur teilweise mit dabei. Sie schauten hinterher – aber immerhin mit dem guten Gefühl, dafür eine gewisse Stabilität geliefert zu bekommen, wenn es einmal in die entgegengesetzte Richtung gehen sollte. Doch diesen Härtetest bestanden nur die wenigsten. Die gespannten Rettungsnetze erwiesen sich nach 2007 zu häufig als wenig tragfähig. Was eben noch modernes Portfoliomanagement war, musste plötzlich den einfachen klassischen Staatsanleihen den Vortritt lassen. Die Preise für Absicherungen schossen nach oben, weil die Marktschwankungen sich in nie zuvor gesehene Höhen schraubten. Strukturierte Wertpapiere wie die mittlerweile berüchtigten forderungsbesicherten Anleihen waren plötzlich nicht mehr handelbar.

Jetzt erwies es sich als Fluch, dass sich die Fondsmanager zuvor branchenweit nicht auf eine gemeinsame Linie einigen konnten. Die Schere zwischen den wenigen Fonds, die ihr Versprechen tatsächlich halten konnten, und den Wackelkandidaten mit teilweise zweistelligen Verlusten, klaffte immer weiter auseinander. Inzwischen ist das Vertrauen in das einstige Modethema weitgehend aufgebraucht und der Ruf nachhaltig beschädigt. Die Lehre aus diesem Debakel kann deshalb nur lauten: Wenn etwas zu schön ist, um wahr zu sein, dann ist es auch zu schön, um wahr zu sein.

Wer auf einfache Bausteine wie Aktien und Staatsanleihen ohne jeglichen Derivate-Schnickschnack gesetzt hatte, ist zwar im Abwärtstrend an den Aktienmärkten mit nach unten gerauscht. Doch mit etwas Geduld kann man auch auf dem Weg nach oben wieder mit dabei sein. Bei den Total-Return- und Absolute-Return-Fonds, die in die Liquiditätsfalle an den Kreditmärkten getappt sind, dürfte eine erfolgreiche Aufholjagd dagegen ein Ding der Unmöglichkeit sein. Für diese hoffnungslosen Fälle gibt es übrigens die schöne Bezeichnung „Trümmerfonds".

Auch bei einem anderen Modeprodukt, das in der Spätphase der Jahrtausendbaisse laufen lernte und sich zeitweise großer Beliebtheit in der Anlegerschaft erfreute, hat sich inzwischen herausgestellt, wie weit Anspruch und Wirklichkeit auseinanderliegen können. Der Ansatz der Beteiligungsfonds für laufende britische und amerikanische Lebensversicherungen war durchaus vielversprechend. Er stellte regelmäßige Erträge in Aussicht, und das bei einer kompletten Unabhängigkeit von den Kursbewegungen an den Börsen.

Dabei wirkte der Mechanismus dieser Anlageform auf den ersten Blick zynisch: Mit dem Geld der Investoren werden Versicherte aus laufenden Verträgen herausgekauft. Bei ihrem Tod fließt die fällige Versicherungssumme dann dem Fonds zu. Je früher die Versicherten also sterben, umso höher der Ertrag. Moralische Bedenken suchten die Anbieter schon im Ansatz mit dem Hinweis zu zerstreuen, dass die Funktionsweise einer angelsächsischen Lebensversicherung anders ist als hierzulande. Dort werde die Police bis zum Lebensende gehalten. Mancher wolle im Alter oder bei einer schweren Erkrankung aber lieber noch ein paar Dol-

lar bekommen, um das Leben etwas zu genießen anstatt
seine Erben mit der Auszahlung zu beglücken – und vor
diesem Hintergrund hätten mit der Übernahme der Police
alle Seiten etwas davon.

Der kritische Punkt waren in diesem Anlagemodell die
Gesundheitsgutachten. Die Kalkulation der Beteiligungsfonds basierte auf der darin ermittelten Lebenserwartung
der Policeninhaber. Zum Glück der Versicherten und zum
Leidwesen vieler deutscher Anleger stellte sich heraus, dass
die Lebenserwartung teilweise deutlich höher lag als prog-
nostiziert.

Dass das Reiten auf Modewellen meistens schiefgeht, lässt
sich an diesem Beispiel besonders anschaulich nachvollziehen. Mit dem massenhaften Verkauf eines Anlagekonzepts
entsteht ein riesiger Bedarf an den zugrunde liegenden Ver-
mögenswerten. Die logische Konsequenz: Wenn plötzlich
tausende deutsche Anleger den Zweitmarkt für amerikanische Lebensversicherungen stürmen, geht entweder der
Preis für die Policen nach oben, oder die Qualität der Policen sinkt. Beide Effekte drücken jedenfalls auf die zu erzie-
lende Rendite.

Den Anbietern von Geldanlageprodukten ist dieser Effekt
durchaus bewusst. Dass sie deshalb aber auf die Notbremse
treten, ist die absolute Ausnahme. Der größten deutschen
Fondsgesellschaft DWS Investments wurde immerhin einmal angst und bange, als sie mit einem Anlagezertifikat auf

den vietnamesischen Aktienmarkt plötzlich einen ungeahnten Verkaufsschlager kreiert hatte. So viele Millionen Euro flossen der DWS plötzlich zu, um von ihr nach Fernost weitergereicht zu werden, dass der kleine Aktienmarkt in Ho-Chi-Minh-Stadt das Geld gar nicht so schnell verarbeiten konnte.

Die Kurse gingen dank der üppig fließenden Mittel aus Deutschland steil nach oben. Eine Molkerei wurde auf der Basis ihres erwirtschafteten Gewinns höher bewertet als jede schnell wachsende Technologiefirma in der westlichen Welt. Ehe die Investmentgesellschaft aber die Ausgabe von Vietnam-Zertifikaten einstellte, griff sie lieber zu dem ungewöhnlichen Mittel, mit einem Verweis auf den völlig aus dem Ruder laufenden Markt die Anleger darum zu bitten, kein weiteres Geld mehr zu investieren.

Meistens ist es den Anbietern von Geldanlageprodukten aber egal, ob ihr Kunde mit Segen und Fluch wenig liquider Märkte vertraut ist. Natürlich lassen sich in einem kleinen Markt wie Vietnam wegen des überschaubaren Angebots bei steigender Nachfrage die Kurse rascher und steiler nach oben bewegen als auf einem großen Aktienmarkt wie Deutschland. Genauso steil geht es dann aber auch in die andere Richtung, wenn die Stimmung umschlägt und eine Absetzbewegung in Gang kommt. Dann sind plötzlich die Käufer Mangelware. Das war in Vietnam zu beobachten. Der gleiche Effekt trat ein, als viele deutsche Anleger plötzlich ihre Liebe zum Neuen Markt entdeckten. Diese Spiele

in engen Märkten funktionieren letztlich wie dubiose Ket-
tenbriefe – der Letzte in der Reihe zahlt für alle.

Viele Modewellen sind bei näherem Hinsehen auch nichts
anderes als alter Wein in neuen Schläuchen. So sind beispielsweise zahlreiche Total-Return- und Absolute-Return-
Fonds nichts anderes als Rentenfonds mit einem anderen
Etikett gewesen. Immerhin hatten diese Anleger dann das
Glück, in der Finanzkrise nicht zu den Verlierern zu gehören wie die Anleger bei der von Derivaten und Verbriefun-
gen überladenen Konkurrenz.

Mischfonds, die gleichzeitig in Aktien wie auch in Anleihen investieren und sich hierzulande nie richtig durchsetzen konnten, lassen sich ebenfalls unter einem anderen Etikett als Lebenszyklusfonds oder Zielsparfonds plötzlich gut
verkaufen. Ihr Mehrwert besteht lediglich darin, dass sie
sich auf einen definierten Zeitpunkt hin automatisch von
einem flexibel agierenden Mischfonds mit einem hohen
Aktienanteil in einen eher defensiven Mischfonds mit
einem hohen Anteil an Anleihen im Portfolio wandeln. Ein
Vermögensverwalter, der sein Geschäft versteht, sollte
einen regelmäßigen Ertrag für seine Kunden auch ohne dieses Etikett hinbekommen.

Die lange Zeit beliebten BRIC-Aktienfonds waren wiederum nichts anderes als Schwellenmarktfonds in einem zeit-
gemäßeren Gewand. Hartnäckig haftete den Ländern, die
sich auf der Vorstufe zur Industrienation befinden, der Ruf

besonderer Schwankungsanfälligkeit und der Hang zur Krise in unregelmäßigen Abständen an. Mexiko-Krise, Russland-Krise, Asien-Krise: Diese Historie sollte BRIC vergessen machen. Unter dem Kürzel waren die vier großen Schwellenländer Brasilien, Russland, Indien und China zusammengefasst, die nun als Gewinner der Globalisierung ausgerufen wurden. Diese Argumentation klang nach der Jahrtausendwende durchaus glaubwürdig und fand unter Privatanlegern zahlreiche Anhänger. Die Investmentbank Goldman Sachs als Erfinder des Kürzels unterfütterte die Geschichte noch mit kühnen Prognosen.

Der Vorteil dieses Anlagekonzepts bestand für die Fondsanbieter darin, dass die vier Länder wegen ihrer schieren Größe und der ihres Aktienmarkts in Schwellenländerportfolios ohnehin schon den größten Anteil ausmachten. Insofern wurde die Kauflust in der Anlegerschaft stimuliert, ohne dass sich die auf Schwellenmärkte spezialisierten Fondsmanager groß umstellen mussten. Doch so weit der Blick bei diesem Anlagekonzept in die Zukunft ging und sich die Vision von den neuen Industrieländern verbreitete: Als dann die Finanzkrise aufzog, wirkten doch wieder die alten Marktmechanismen. Mehr als die Hälfte des Anlegergeldes war in wenigen Monaten verschwunden – in Russland mehr, in Brasilien weniger. Die alte Schwankungsanfälligkeit hebt auch eine neue Modewelle nicht auf. Sie schläferte lediglich die gebotene Vorsicht mit der Illusion von Stabilität ein, von der die BRIC-Aktienmärkte immer noch weit entfernt sind.

Auch die vor der Finanzkrise beliebten Zertifikate sind letztlich nichts anderes als eine neue Umschreibung für die schöne alte Inhaberschuldverschreibung. Die von einzelnen deutschen Finanzpolitikern gefeierte große Innovation bestand lediglich darin, Anleger dazu zu bewegen, für das Ausfallrisiko der Schuldscheine kein Geld zu verlangen. Man borgt also beispielsweise einer Bank 10.000 Euro und lässt sich als Verzinsung die Wertentwicklung des Dax festschreiben. Geht der Dax dann bis zum Verkauf beziehungsweise zur Fälligkeit des Schuldscheins nach unten, bekommt man von dem ausgeliehenen Geld sogar weniger zurück.

Jahrelang gelang es den Zertifikateanbietern, diesen Effekt eines zinslosen Kredits zu überdecken. Die Inhaberschuldverschreibung wurde als nützliches Mittel zum Zweck kleingeredet. Stattdessen wurden die vermeintlichen Vorzüge umso lautstärker hervorgehoben. Immerhin könne der Privatanleger über diesen Weg in den Genuss anspruchsvoller Derivatekonstruktionen kommen und Zugang zu exotischen Märkten erlangen, hieß es. Vor allem jedoch waren Zertifikate dank teilweise extrem komplexer Zahlungsstrukturen eine munter sprudelnde Einnahmequelle für die auflegenden Banken. Die Zahlungsströme sind von außen tatsächlich nur schwer nachvollziehbar.

Es musste jedoch erst die Investmentbank Lehman Brothers zusammenbrechen, um allen Anlegern vor Augen zu führen, dass der Ausfall eines Zertifikateanbieters nicht nur ein theoretisches Risiko darstellt. Das Zahlungsprofil eines Zertifikats mag noch so kreativ gestrickt sein – ist die auflegende Bank zahlungsunfähig, bedeutet dies für die Besitzer der Papiere unabhängig von allen möglichen zugrunde liegenden Märkten den Totalverlust.

Kurz vor dem Ausbruch der Finanzkrise erreichte das Geschäftsmodell mit den sogenannten Expresszertifikaten seinen zynischen Höhepunkt. Deren Auszahlungsprofil orientiert sich meistens an einem bekannten Aktienindex wie etwa dem Euro Stoxx 50. Manchmal sind die Titel auch noch mit einem gewissen Verlustpuffer oder einer Kapitalgarantie zum Laufzeitende ausgestattet, weil sich Sicherheit gut verkaufen lässt. Erreicht der Index nun zu einem bestimmten Zeitpunkt ein bestimmtes Niveau, gibt es das eingezahlte Geld zurück – zuzüglich eines Zinsaufschlags.

Nicht ganz zufällig fielen diese Bewertungszeitpunkte in der Vergangenheit meist in Zwölf-Monats-Intervalle. Damit wurden Expresszertifikate für die auflegenden Banken zur eierlegenden Wollmilchsau. Nicht nur, dass der Anleger eine Abschlussgebühr zu zahlen hatte, dass der Großteil des Indexwertzuwachses in der Hochzeit dieser Zertifikate bei der Bank verblieb, dass die Bank auch die Dividendenzahlungen der im Index enthaltenen Unternehmen üblicherweise einbehielt – nach zwölf Monaten wurde dem Anleger das Geld dann auch noch automatisch zurückgezahlt und war damit ohne große Diskussionen wieder frei für die nächste Umschichtung mit der nächsten Abschluss-

provision. Meist floss das Geld dann gleich wieder in
Expresszertifikate, und der Kreislauf begann von vorne. Die freie Sicht auf diese Gebühreneinnahmenpotenzierungsmaschinerie wurde den Anlegern mit dem Hinweis vernebelt, dass die Expressprämie immerhin steuerfrei vereinnahmt werden darf. Die Finanzkrise und die Abgeltungsteuer haben diesem Geschäftsmodell hoffentlich nachhaltig den Garaus bereitet.

Schuldig machten sich aber auch einzelne Fondsgesellschaften, die Expresszertifikatefonds auflegten und damit auf die ohnehin schon teuren Anlageprodukte noch einmal ihre Gebühren aufschlugen. Wo der Effekt der Risikostreuung bei einem Anlagegegenstand liegen soll, dessen wichtigste Eigenschaft die frühere Auszahlung an den Anleger bei einer entsprechend positiven Marktentwicklung ist, bleibt das Geheimnis der verantwortlichen Produkterfinder. In der Rangliste der nutzlosesten Anlageprodukte für Privatanleger rangieren diese Fonds jedenfalls ganz oben.

Expresszertifikate, gebrauchte Lebensversicherungen, Total-Return-Fonds: Die einzig positive Seite von Modewellen ist, dass die Ernüchterung meist nicht lange auf sich warten lässt. Nach spätestens fünf Jahren kommen die Schattenseiten meistens zum Tragen. Allerdings gibt es auch einzelne Moden, die trotz aller ernüchternden Erfahrungen und offensichtlichen Lügen lästig wie eine Klette nicht abzuschütteln sind. An vorderster Stelle steht dabei das sogenannte nachhaltige Investieren – also das Verspre-

chen, bei der Anlage des Kundengeldes Umweltfreundlich-
keit und soziale Verträglichkeit zu berücksichtigen.

Das gute Gewissen hat Dauerkonjunktur. Gleichzeitig
bekommen Anlageausschüsse von Stiftungen oder Kirchen
einen Freibrief in die Hand, dass sie mit ihrem Geld keine
zweifelhaften Projekte unterstützen. Der Ideenreichtum,
mit denen die Apostel in dieser mittlerweile schon recht
großen Marktnische beispielsweise die Aufnahme von
Ölkonzernen in ein Portfolio mit Nachhaltigkeitsanspruch
begründen, ist immer wieder bemerkenswert. Dann wird
etwa auf aufwendige Umweltberichte verwiesen oder auf
mehrwändige Tanker, die auf den Weltmeeren nicht so
schnell leck schlagen. Dass die Ölwerte aufgrund ihrer
schieren Größe und damit ihrer hohen Gewichtung in den
bedeutenden Aktienindizes in jedes Portfolio gehören, das
sich nicht allzu weit vom Gesamtmarkt entfernen darf,
wird dabei natürlich nicht erwähnt.

Unvergessen bleibt auch eine Studie über die Nachhaltig-
keit von europäischen Staatsanleihen. Danach war eine
deutsche Bundesanleihe der finnischen Staatsanleihe vorzu-
ziehen, weil in dem nordischen Land die Selbstmordrate
höher ist. Auch der größte Blödsinn hat der vermeintlichen
Anlage mit einem guten Gewissen bislang nicht schaden
können.

Der erste Weg, um sich von Modewellen zu lösen, besteht
darin, die vielen bunten Broschüren vom netten Berater

einfach nicht in die Hand zu nehmen. Tatsächliche Mega- trends finden sich regelmäßig in den Nachrichten. Dazu noch ein paar Informationen für den passenden Marktzugang, und schon lassen sich die eigenen Schlussfolgerungen umsetzen. Dieser Weg ist auf jeden Fall erfolgversprechender, als jede Vertriebsoffensive einer Bank oder eines Produktanbieters mitzugehen.

SCHLUSSFOLGERUNGEN

- Wenn etwas zu schön ist, um wahr zu sein,
  dann ist es auch zu schön, um wahr zu sein.
- Modeprodukte sind häufig alter Wein
  in neuen Schläuchen – nur teurer.
- Bunte Werbebroschüren einfach ignorieren.

FEHLER NUMMER ZEHN

Auf unserer Reise durch die Welt der privaten Vermögensanlage sind wir nun am entscheidenden Punkt angelangt.
Die Suche nach dem passenden Ansatz und den richtigen
Anlageprodukten mag kompliziert anmuten — und die
Banken und Sparkassen mit provisionsgetriebenen Beratungsmodellen leben schließlich davon, dass ihre Kundschaft eine Beschäftigung mit diesem Thema wie einen
Zahnarztbesuch empfindet. Wir verraten Ihnen nun aber
das Grundgesetz der Geldanlage. Wenn Sie sich künftig an
diese Formel halten, werden Sie nie wieder auf dem falschen
Fuß erwischt. Sie lautet:

Niedrige Rendite — niedriges Risiko
Hohe Rendite — hohes Risiko

Regelmäßig wird diese Gleichung aus den Augen verloren,
weil eine andere menschliche Eigenschaft immer wieder in
den Vordergrund rückt. Und das ist die Gier. Gier frisst
Hirn — dieser Spruch kommt nicht von ungefähr. Sämtliche
Produktanbieter und jeder halbwegs gebildete Vermögens-
berater sind sich der menschlichen Schwäche bewusst, dass
sich mit dem Versprechen auf einen besonders hohen
Gewinn bei einem gleichzeitig ganz geringen Risiko viele
Anleger fangen lassen. 10 Prozent Rendite für eine Investi-

tion in Dubai-Immobilien bei einer kurzen Laufzeit von drei Jahren mit garantierter Kapitalrückzahlung – so etwas kann es einfach nicht geben. Da braucht nur ein Gauner dringend Geld.

Solche Angebote haben immer einen Haken, der sich meist auch relativ rasch erkennen lässt. Im konkreten Fall ist dies oft die Gesellschaft, in die das Anlegergeld fließt. Bei einem Blick in den Verkaufsprospekt dürfen ruhig die Alarmglocken schrillen, wenn der Empfänger des Geldes eine rechtliche Hülle an einem exotischen Finanzplatz ist. So schnell kann man manchmal gar nicht gucken, wie sich das Vermögen in solchen Konstruktionen in Luft auflöst und die Gesellschaft einfach pleitegeht.

Um Fehltritte dieser Art zu vermeiden, genügt schon ein einziges Marktbarometer, das Anleger immer im Blick behalten sollten. Das ist nicht der Dax, auch nicht der Dow Jones – obwohl bei einem Blick auf die Börsenberichterstattung im Fernsehen oder in bunten Anlegermagazinen regelmäßig der Eindruck entsteht, als würde sich an diesen bekannten Aktienindizes das Schicksal ganzer Volkswirtschaften oder wenigsten der gesamten Anlegerschaft festmachen. Das entscheidende Marktbarometer für einen deutschen Anleger ist die aktuelle Rendite der zehnjährigen Bundesanleihe – zu finden in jeder Tageszeitung mit gut sortiertem Börsenteil oder jedem Nachrichtensender im Fernsehen mit gut sortiertem Videotext.

Die deutsche Bundesanleihe ist ohne Abstriche der Fels in der Brandung. Ob gerade Hochkonjunktur oder tiefe Rezession herrscht, ob die Aktienmärkte vor Optimismus gerade völlig überschnappen oder sich in ihrer depressiven Stimmung nicht mehr einkriegen — immer steht über dem gesamten Geschehen die feste Überzeugung, dass zumindest die Bundesrepublik Deutschland ihre Schulden regelmäßig bezahlt und die fälligen Zinsen pünktlich überweist. Solange uns also der Himmel nicht auf den Kopf fällt, liefert die Bundesanleihe ihrem Besitzer eine sichere Rendite. Dass nun ausgerechnet die deutsche Staatsanleihe mit einer Restlaufzeit von zehn Jahren das Maß aller Dinge ist und nicht die kürzer laufenden zwei- beziehungsweise fünfjährigen Titel oder die dreißigjährigen Langläufer, hat einen einleuchtenden Grund: Die zehnjährige Bundesanleihe wird mit Abstand am häufigsten gehandelt — die dabei erzielte Rendite ist deshalb am aussagekräftigsten.

Aus Sicht eines Anlegers muss sich jede andere Form der Geldanlage an diesem Maßstab messen lassen. Liegt die zu erwartende Verzinsung einer ihm angebotenen Geldanlage darunter, muss das Risiko also noch geringer sein als der Kauf einer zehnjährigen Bundesanleihe. Das können nach menschlichem Ermessen eigentlich nur Sparbücher und Tagesgeldkonten bei seriösen Banken und Sparkassen sein, bei denen ein Anleger kurzfristig über sein Geld verfügen kann. Denn letztlich kann niemand mit hundertprozentiger Sicherheit sagen, dass uns kurz vor dem Rückzahlungstermin der Bundesanleihe in neuneinhalb Jahren nicht doch der Himmel auf den Kopf gefallen ist. Dieses Restrisiko lässt einen Zinsabschlag für Sparangebote zu, die bei kürzeren Laufzeiten eine vergleichbare Sicherheit versprechen. Frech sind dagegen Angebote, die ein höheres Risiko als die pünktliche Rückzahlung geliehenen Geldes durch die Bundesrepublik Deutschland bergen – und dafür einen geringeren Zins anbieten.

Viel spannender als der Blick auf die prognostizierten Renditen unterhalb der Verzinsung sicherer Staatsanleihen ist jedoch der Blick nach oben. Im übertragenen Sinne stellt die Rendite einer zehnjährigen Bundesanleihe so etwas wie einen Boden dar. Die einfache Regel lautet daher: Je weiter sich das Versprechen einer Geldanlage davon entfernt, umso riskanter ist sie.

Professionelle Investoren wissen das und handeln entsprechend. Gäbe es beispielsweise tatsächlich eine Immobilie in Dubai mit 10 Prozent jährlicher Verzinsung bei einer baldigen Rückzahlung des Geldes und noch dazu einer Kapitalgarantie, kämen Privatanleger nicht einmal in die Nähe einer solchen Investition. Vorher hätten sich nämlich schon die großen Anleger bei einem solch unwiderstehlichen Angebot eingedeckt.

Dass der Aktienmarkt an manchen Tagen soviel Wertzuwachs einbringt wie die sichere Bundesanleihe in einem Jahr, liegt an der Schwankungsanfälligkeit dieser Anteilsscheine, die dem Aktionär angemessen vergütet werden muss – sonst legt nämlich irgendwann niemand mehr sein Geld in Aktien an. Das Risiko besteht schließlich darin, dass es genauso gut und schnell in die andere Richtung gehen kann. Liegt allerdings ein Tagesgeldangebot ungewöhnlich weit über der sicheren Rendite, stimmt etwas mit der dahinterstehenden Bank nicht. Die Risikoprämie bringt es ans Licht: Wer einen hohen Zins zahlen muss, hat es nötig.

Umgekehrt heißt aber ein geringer Aufschlag zum sicheren Zins auch nicht, dass das Angebot automatisch risikoärmer ist. Es kann auch ein Signal für den Anleger sein, dass ihm das Risiko, welches er eingehen soll, nicht angemessen vergütet wird. Wenn beispielsweise vom Privatkundenberater ein geschlossener Fonds mit der Beteiligung an einer Immobilie angeboten wird, der genauso viel oder nur geringfügig mehr einbringen soll als die sichere Staatsanleihe – dann stellt sich eine einfache Frage: Warum soll man das Risiko, das mit dem Betrieb einer Immobilie verbunden ist, auf sich nehmen, wenn man den gleichen Ertrag für das eingesetzte Vermögen auch nahezu risikolos erhalten kann? Vor diesem Hintergrund ist es erstaunlich, wie gut sich Fondsangebote mit überteuert eingekauften Immobilien und Schiffen vor dem Ausbruch der Finanzkrise verkauft haben. Ein kleiner Seitenblick auf die langweilige Bundesanleihe wäre ein Warnhinweis zur rechten Zeit gewesen.

Manchmal sind die Kosten zu hoch, manchmal die Risiken – im schlimmsten Fall beides. Wenn es also darum geht, die Angemessenheit einer Risikoprämie einzuschätzen, lautet das Motto letztlich: Maß halten. Nicht zu viel und nicht zu wenig ist genau richtig.

Zwar wird in Fachkreisen in regelmäßigen Abständen gern darüber diskutiert, ob die zehnjährige Bundesanleihe tatsächlich die sichere Rendite darstellt, an der sich alle anderen Geldanlagen messen lassen müssen. Anleger sollten sich davon aber nicht irritieren lassen. Jeder andere Marktzins, der sich in der Vergangenheit dazwischen zu drängeln versuchte, hat sich letzten Endes als untauglich erwiesen.

Besonders krass fiel die Disqualifizierung beim sogenannten Drei-Monats-Euribor aus. Hinter diesem Begriff verbirgt sich der Zins, den Banken berechnen, wenn sie sich über den Zeitraum von drei Monaten gegenseitig Geld leihen. Für Privatanleger hat der Euribor jedoch zwei entscheidende Nachteile. Zum einen lässt er sich nicht einfach kaufen und verkaufen wie eine Bundesanleihe. Zum anderen verliert der Zins jede Aussagekraft, wenn Banken sich nicht mehr über den Weg trauen und aufhören, sich gegenseitig Geld zu leihen. So geschehen im Zuge der Finanzkrise, als der Interbankenmarkt komplett austrocknete und sich der Euribor vom Leitzins der Europäischen Zentralbank, der für ihn wiederum die Messlatte sein sollte, so weit entfernte wie nie zuvor.

Warum in den abendlichen Börsenberichten der großen Fernsehsender die Rendite der zehnjährigen Bundesanleihe keine Beachtung findet, dürfte einen ganz simplen Grund haben: So manchen der Damen und Herren Börsenaufsagern ist die Aussagekraft des sicheren Marktzinses womöglich genauso wenig geläufig wie dem Großteil ihres Publikums vor den Bildschirmen. Außerdem bewegt sich die Anleiherendite nicht so zackig und rasant nach oben und unten wie die Kurse am Aktienmarkt. Das verpasst diesem Marktbarometer automatisch das Image, öde und langweilig zu sein.

Und dann muss man auch noch verstanden haben, dass eine steigende Rendite mit einem fallenden Kurs der Bundesanleihe einhergeht. Dabei ist dieser auf den ersten Blick seltsam anmutende Mechanismus gar nicht so schwer zu erklären. Er hängt damit zusammen, dass eine Anleihe nichts anderes als ein Schuldschein über einen festen Betrag mit einem festgelegten Zinskupon über einen festgelegten Zeitraum ist. Die Rendite ist damit eine Mischung aus dem Zins, der auf dem Schuldschein steht, und dem aktuellen Preis für die Anleihe. Fällt der gezahlte Preis unter den Nennwert, der am Ende der Laufzeit von der Bundesrepublik Deutschland zurückgezahlt wird, bekommt ein Anleger, der in diesem Moment einsteigt, einen Aufschlag auf den Kupon – steigt er über den Nennwert, gibt es demzufolge unmittelbar einen Abschlag auf den Kupon.

So wie Anleger vor einer Anlageentscheidung die zu erwartenden Erträge und die Risiken genau abwägen sollten, so ist allerdings auch eine regelmäßige Überprüfung in den

Folgejahren notwendig. Risiken können sich auch verändern. Wenn beispielsweise die Staatsverschuldung völlig aus dem Ruder läuft und Inflation an der Rendite einer Anleihe nagt beziehungsweise sie sogar ganz auffrisst, sollte relativ zeitnah in Anlageformen umgeschichtet werden, mit denen der Wertverfall des Geldes aufgefangen werden kann.

Neben den klassischen Sachwerten wie Wohnimmobilien gehören übrigens auch Aktien dazu. Manchmal kommt eben Hilfe aus einer Richtung, aus der man sie in schwierigen Zeiten am wenigsten erwartet. Mit ihrer Beteiligung am Gewinn eines Unternehmens bieten sie einen natürlichen Inflationsschutz – vorausgesetzt, das ausgewählte Unternehmen erwirtschaftet auch einen ordentlichen Ertrag. Große Konzerne in Märkten mit einer hohen Eintrittsschwelle für neue Konkurrenten wie Energieversorger sind die gesuchten Aktien in einem solchen wirtschaftlichen Umfeld.

Selbstverständlich gibt es über die Messung von Risiken in der Vermögensanlage inzwischen zahllose wissenschaftliche Arbeiten mit wirklich kreativen Ansätzen und ausgefeilten mathematischen Modellen. Das Problem an diesen Arbeiten ist lediglich ihre Unverständlichkeit, womit sie für den alltäglichen Umgang mit Geldanlageprodukten ungeeignet sind. So mögen sich manchem Experten bei unserer Empfehlung, vor allem die Rendite der zehnjährigen Bundesanleihe zum Maßstab aller Dinge zu nehmen, entsetzt die Nackenhaare sträuben. Es ist jedoch ein einfacher und verständlicher Weg, der nicht automatisch in den Abgrund führt oder wegen irgendwelchen Marktverzerrungen plötzlich interpretationsbedürftig wird. Es ist ein Anfang, um als mündiger Anleger dem Privatkundenberater gegenüberzutreten und ihm zumindest die unverschämtesten Produktangebote rechts und links um die Ohren zu hauen.

Clevere Verkäufer und abgebrühte Produktanbieter sind allerdings darin geübt, mit einer Vielzahl von Ablenkungsmanövern ihren Kunden den Blick auf die wirkliche Funktionsweise einer Geldanlage zu vernebeln. Wenn dieses passiert, tritt jenes ein, aber nur, wenn zuvor eine Schwelle gerissen oder nicht gerissen wird. Es ist eine nicht unwesentliche Facette der Erfolgsgeschichte von Zertifikaten, dass sich in dieser rechtlichen Hülle solche Kaskaden an Risiko- und Absicherungsstrukturen aufbauen ließen. Fonds können das zwar mittlerweile auch. Hierbei haben Anleger aber wenigstens die Möglichkeit, in regelmäßigen Abständen einen Einblick zu bekommen, weil die Fondsanbieter mindestens einmal jährlich die Kaskaden offenlegen müssen.

So wie es keinen großen Gewinn ohne großes Risiko gibt, so hat jetzt die Finanzkrise auch deutlich gemacht, dass einfache nachvollziehbare Investmentansätze komplexen Strukturen überlegen sind, weil sie keine unangenehmen Überraschungen bergen können. Das Problem für die Anbieter und Verkäufer ist nur: Je transparenter ein Geldanlageprodukt ist, umso weniger Provisionen lassen sich darin verstecken. In den vorangegangenen Kapiteln sind wir immer wieder in den verschiedensten Ausführungen um diesen Punkt gekreist. Je erklärungsbedürftiger also ein Geldanlageprodukt ist, umso mehr halten sich andere an meinem Geld schadlos. So einfach ist das. Man muss es nur wissen.

DAS GRUNDGESETZ DER GELDANLAGE

- Niedrige Rendite, niedriges Risiko –
  hohe Rendite, hohes Risiko

Die Commerzbank machte sich kurz nach der Jahrtausend-baisse verdient, als sie die „Psychologie des Geldes" unter-suchen ließ. Am Ende dieser Untersuchung, die von Sinus Sociovision unter der wissenschaftlichen Leitung von Pro-fessor Stefan Hradil von der Universität Mainz vorgenom-men wurde, stand die Beschreibung von acht verschiedenen Anlegertypen – nicht nur originell, sondern auch treffend.

Auf der untersten Stufe stehen danach der „Resignierte" und der „Sorglose". Der „Resignierte" will sich auf keinen Fall mit Geldangelegenheiten befassen. Seine eigene finan-zielle Situation, die als meistens prekär umschrieben wird, löst bei ihm ein hohes Frustrationsgefühl aus. Deshalb grenzt er sich bewusst ab und sieht sich oft in der Opferrol-le finanzieller Ungerechtigkeiten.

Der „Sorglose" wiederum empfindet bei finanziellen The-men keinen Handlungsdruck und reagiert entsprechend. Bei einem begrenzten finanziellen Spielraum lebt er seine Konsumfreudigkeit aus und sieht keinerlei Anlass für einen planvollen und vorsorgenden Umgang mit Geld.

Im Mittelfeld finden sich der „Pragmatiker", der „Delegie-rer", der „Bescheidene" und der „Sicherheitsorientierte". Der „Pragmatiker" kümmert sich zwar im Gegensatz zu den beiden zuvor genannten Typen um seine finanziellen Angelegenheiten. Allerdings tut er dies nur auf Druck von außen – wenn er etwa merkt, dass er etwas für die eigene Altersvorsorge tun muss. Üblicherweise pflegt er ein distanziertes Verhältnis zum Thema Geldanlage, über das er deshalb auch nicht gern spricht.

Der „Delegierer" ist zwar für das Thema Geldanlage sensibilisiert. Er verlässt sich dabei aber lieber auf andere.

Der „Bescheidene" setzt sich im Rahmen seiner Möglichkeiten mit der privaten Vermögensanlage auseinander. Für ihn ist das Thema jedoch etwas sehr Persönliches, über das er sich deshalb nur ungern austauscht.

Der „Sicherheitsorientierte" wiederum ist aufgeschlossen gegenüber Geldanlagethemen, verfolgt das Geschehen auf den Finanzmärkten und ist über die verschiedenen Anlagemöglichkeiten gut informiert. Er ruft dieses Potential jedoch wegen seines hohen Bedürfnisses nach Sicherheit nicht ab, sondern fühlt sich in konservativen Anlageformen wie Sparbüchern und Bausparverträgen am wohlsten.

Schließlich gibt es auf der obersten Stufe dann noch den „Souveränen" und den „Ambitionierten". Der „Souveräne" beschäftigt sich engagiert mit Geldanlagethemen, erarbeitet sich eine gewisse Kompetenz in diesen Dingen und sichert sich dadurch einen unabhängigen und angemessenen Lebensstil. Dementsprechend zeigt er sich auch nach außen als informiert und liest gern in guten Tageszeitungen einen gut sortierten Finanzteil.

Der „Ambitionierte" steht mit seinem starken Interesse an seinen persönlichen Finanzen in dieser Typologie an der Spitze. Er ist nicht nur umfassend informiert, sondern gleichzeitig auch bereit und in der Lage, Risiken einzuschätzen und einzugehen. Für ihn ist die erfolgreiche Geldanlage auch ein Mittel zur Selbstbestätigung.

Je mehr sich zu den beiden zuletzt genannten Gruppen hinzugesellen, umso weniger kommen die Fehler, die in diesem Buch beschrieben wurden, zum Tragen. Diese Leute werden selbst viel Spaß haben und Produktverkäufern, die sich als Anlageberater ausgeben, rasch den Spaß verderben: Weil mündige Anleger wissen, was sie wollen und was nicht; weil sie ihre Risikoneigung kennen, ihren Anlagehorizont und die Spielregeln der Geldanlageprodukte, mit denen sie ihre Vorstellungen umsetzen können. Es ist letztlich die Kunst der erfolgreichen Mehrung eines Vermögens, die Gier im Zaum zu halten und dem gesunden Menschenverstand eine Chance geben.

Abgeltungsteuer

Seit Anfang 2009 werden in Deutschland Zinsen, Dividenden, Fondsausschüttungen, Kurs- sowie Währungsgewinne pauschal mit einem einheitlichen Steuersatz von 25 Prozent zuzüglich Solidaritätszuschlag und gegebenenfalls Kirchensteuer besteuert. Damit gelten alle steuerlichen Ansprüche des Staates aus Kapitaleinkünften als abgegolten – daher die Bezeichnung Abgeltungsteuer. Sie fällt allerdings nur an, wenn der zur Drucklegung gültige Freibetrag von 801 Euro für Ledige beziehungsweise 1.602 Euro für Verheiratete überschritten oder dem Finanzamt keine Nichtveranlagungsbescheinigung vorgelegt wird. Ursprünglich sollte die Abgeltungsteuer die Besteuerung von Kapitalerträgen vereinfachen. Angesichts von zahlreichen Sonderbehandlungen schon zum Start ist dieses Ziel eindeutig verfehlt worden.

Absolute-Return-Fonds

Die häufig auch als Total-Return-Fonds bezeichneten Geldanlageprodukte versprechen üblicherweise einen stabilen Wertzuwachs unabhängig von den Börsenzyklen. Diese Fondskategorie erlebte ihren Durchbruch nach den hohen Verlusten am Aktienmarkt kurz nach der Jahrtausendwende. Allerdings gibt es keinen Branchenstandard für die Portfolioausrichtung, so dass auch missbräuchliche Verwendungen dieses Begriffs in der Vermarktung möglich sind.

Anlageklasse

Unter diesem Begriff werden Vermögensgegenstände zusammengefasst, die ein ähnliches Chance-Risiko-Profil aufweisen. Die wesentlichen Anlageklassen sind Aktien, Anleihen, Liquidität (Bargeld), Immobilien und Rohstoffe.

Annuitätendarlehen

Annuitätendarlehen sind Immobilienkredite, für die gleichbleibende Raten an Zins- und Tilgungsleistungen zu zahlen sind. Die Belastung setzt sich aus dem für das Darlehen vereinbarten Zinssatz und der Darlehenstilgung zusammen. Der Tilgungsanteil erhöht sich während der Laufzeit um den geringer werdenden Zinsanteil.

Arbitrage

Bei Arbitragegeschäften werden Preisdifferenzen für ein und denselben Vermögensgegenstand an unterschiedlichen Orten ausgenutzt. Generell gilt: Je liquider der Handel mit einem speziellen Vermögensgegenstand wie beispielsweise einer Aktie oder einer Anleihe ist, umso weniger lohnt sich ein Arbitragegeschäft.

Asset Backed Securities (ABS)

ABS sind Wertpapiere, die mit mehr oder weniger werthaltigen Bilanzpositionen wie beispielsweise Forderungen aus der Kreditvergabe von Banken unterlegt sind. Den Banken

gibt das die Möglichkeit, ihr Kreditrisiko an Anleger
weiterzureichen und damit das eigene Risiko zu reduzieren.
Allerdings wurde dieses Geschäftsmodell nach der Jahrtausendwende überstrapaziert und entwickelte sich ab 2007 zu
einem gefährlichen Krisenherd.

Baisse

Bezeichnung für eine Phase andauernder und starker Kursverluste an den Börsen – zuweilen auch Bärenmarkt
genannt.

Bonuszertifikat

Bei dieser Zertifikateform erhalten Anleger einen Zusatzbetrag (Bonus), wenn der Kurs einer zugrunde liegenden
Aktie beziehungsweise eines Aktienindex während einer
zuvor festgelegten Laufzeit eine bestimmte Schwelle nach
unten nicht durchbricht. Wird diese Schwelle jedoch verletzt, geht der Zusatzbetrag verloren. Der Anleger vollzieht
dann weitgehend nur noch die Wertentwicklung des
zugrunde liegenden Basiswerts nach, bis er am Laufzeitende schließlich den aktuellen Kurs ausgezahlt bekommt.
Beim Kauf eines Bonuszertifikats geht ein Anleger also von
begrenzten Kursverlusten oder Kursgewinnen aus.

Bundesschatzbrief

Bundesschatzbriefe sind Schuldscheine der Bundesrepublik
Deutschland, die sich speziell an Privatanleger als Zielgruppe wenden. Sie werden in zwei unterschiedlichen Varianten angeboten. Bei dem sogenannten Typ A werden über

sechs Jahre die Zinsen jährlich gutgeschrieben; bei Typ B werden die Zinsen nach sieben Jahren Laufzeit kumuliert überwiesen. Der Zinssatz steigt während der Laufzeit an. Angesichts der ausgezeichneten Bonität des deutschen Staates und des damit verbundenen geringen Risikos eines Zahlungsausfalls gelten diese Zinspapiere als besonders sichere Geldanlageform.

Dax

Der Deutsche Aktienindex (Dax) ist hierzulande das bekannteste Marktbarometer. In ihm finden sich die 30 börsennotierten Unternehmen aus Deutschland mit der höchsten Marktkapitalisierung. Die Berechnung erfolgt durch die Deutsche Börse AG, die auch die Zusammensetzung bestimmt.

Derivate

Derivate sind Finanzinstrumente, deren Wert sich nach den Kursschwankungen oder den Preiserwartungen ihrer jeweils zugrunde liegenden Vermögensgegenstände richtet. Sie sind üblicherweise so konstruiert, dass sie mit einem vergleichsweise niedrigen Kapitaleinsatz Marktschwankungen überproportional nachvollziehen. Sie lassen sich deshalb sowohl zur Absicherung als auch zur Spekulation einsetzen. Derivate sind der Oberbegriff, unter dem Optionen, Futures und entsprechende Zertifikateformen zusammengefasst werden.

Discountzertifikat

Bei dieser Zertifikateform erhält der Anleger einen Preis-
nachlass (Discount) auf den Basiswert, der eine Aktie oder
ein Index sein kann. Im Gegenzug ist aber der Gewinn
nach oben begrenzt. Der Nachlass kann wiederum bei stark
fallenden Kursen rasch aufgezehrt sein und in einen Verlust
umschlagen. Beim Kauf eines Discountzertifikats geht ein
Anleger von einer Seitwärtsbewegung des Basiswerts aus.

Dividendenrendite

Bei der Berechnung der Dividendenrendite wird die zuletzt
gezahlte Ausschüttung eines Unternehmens an seine
Aktionäre zum aktuellen Börsenkurs ins Verhältnis gesetzt.
An dieser Kennziffer lässt sich also die Verzinsung des in
Aktien investierten Geldes ablesen.

Einlagensicherung

Unter der Einlagensicherung sind die gesetzlichen und frei-
willigen Sicherungssysteme für die Sparguthaben von
Bank- und Sparkassenkunden im Falle der Pleite eines Kre-
ditinstituts zusammengefasst. In Deutschland ist gesetzlich
vorgeschrieben, dass für jeden Sparer 90 Prozent seiner Einlagen bis zu einem Höchstbetrag von 50.000 Euro abgesi-
chert sind. Darüber hinaus haben sich die deutschen Privat-
banken, Genossenschaftsbanken und Sparkassen in zusätz-
lichen Sicherungseinrichtungen zusammengeschlossen, die
auch Millionensummen abdecken können. Bei ausländischen Banken kann der Umfang der Einlagensicherung sehr
unterschiedlich ausfallen.

Im Emittentenrisiko spiegelt sich die Gefahr wider, ob ein Schuldner in der Lage ist, die aufgenommenen Schulden auch zurückzuzahlen. Bei Anleihen von Staaten oder Unternehmen hat die Bonität des Schuldscheinemittenten unmittelbar Einfluss auf die Höhe des angebotenen Zinses. Zertifikate stellen hierbei allerdings eine deutsche Besonderheit dar. Obwohl sie in ihrer Rechtsform nichts anderes als ein Schuldschein der auflegenden Bank sind, wird Anlegern das Risiko eines Zahlungsausfalls nicht vergütet.

ETF

ETF steht als Abkürzung für Exchange Traded Funds, also börsengehandelte Indexfonds. Diese Anlageprodukte bilden identisch den Verlauf eines zugrunde liegenden Index ab. Ein Dax-ETF gewinnt und verliert also genauso viel wie das deutsche Börsenbarometer. Neben dieser einfachen, für jeden nachvollziehbaren Funktionsweise zeichnen sich ETF auch durch eine vergleichsweise geringe Gebührenbelastung aus. Von institutionellen Großanlegern wird diese Anlageform, die nach der Jahrtausendwende in Deutschland aufkam, schon rege genutzt. Privatanleger sind dagegen noch eine Randgruppe, weil die geringen Gebühren keine Provisionszahlungen zulassen und die Fonds deshalb nur in der Beratung auf Honorarbasis aktiv genutzt werden.

Der Euro Stoxx 50 ist das bedeutendste europaweite Markt-
barometer. In ihm finden sich die 50 börsennotierten
Unternehmen aus dem Euro-Raum mit der höchsten
Marktkapitalisierung. Die Berechnung erfolgt durch den
Indexanbieter Stoxx, der auch die Zusammensetzung
bestimmt.

Futures

Futures sind Terminkontrakte auf einen bestimmten Vermögensgegenstand. Das können Wertpapiere, aber auch
Waren sein. Mit dem Erwerb eines solchen Kontrakts ver-
pflichtet sich der Käufer, von dem zugrunde liegenden
Basiswert eine bestimmte Menge zu einem bestimmten
Zeitpunkt für einen bestimmten Preis entweder zu übernehmen
men oder zu liefern – je nach Ausgestaltung des Futures.
Der Verkäufer des Kontrakts übernimmt die Verpflichtung
spiegelbildlich. Gefährlich wird es für den Future-Käufer,
wenn während der Laufzeit das Verhältnis der erbrachten
Sicherheitsleistung zum Kontraktwert sinkt. In diesem Fall
wird von ihm eine Nachschusszahlung oder ein Verkauf der
Position verlangt.

Garantiefonds

Garantiefonds versprechen ihren Anlegern mindestens die
Rückzahlung des eingezahlten Geldes abzüglich der Fonds-
gebühren zu einem bestimmten Zeitpunkt. Die Chancen
auf einen Gewinn während der Laufzeit können unterschiedlich ausgestaltet sein. Üblicherweise orientiert sich

die Rendite an der Wertentwicklung eines bestimmten Aktienindex. Aber auch eine Mischung aus mehreren Einzelaktien oder Aktienindizes findet sich im Angebot. Der Anteil am jeweiligen Wertzuwachs wird Partizipationsrate genannt. Der Kapitalerhalt ist allerdings nur zum Laufzeitende garantiert. Wenn ein Anleger seine Anteile davor verkaufen muss, kann es auch zu einem Verlust kommen.

Garantiezertifikate

Die Funktionsweise ist ähnlich wie bei Garantiefonds. Allerdings wird das eingezahlte Geld nicht als Sondervermögen geführt und kann deshalb bei einer Pleite der auflegenden Bank vollständig verlorengehen.

Geldmarktfonds

Geldmarktfonds investieren das Kapital ihrer Anleger üblicherweise in Anleihen mit sehr geringen Restlaufzeiten und ausgezeichneter Bonität. Damit ist das Verlustrisiko dieser Fonds sehr gering – ihre Rendite allerdings auch. Genutzt werden sie vor allem als kurzfristiger und günstiger Parkplatz für Liquidität, weil im Normalfall kein Ausgabeaufschlag erhoben wird und die laufenden Gebühren vergleichsweise gering sind. Nach der Jahrtausendwende weiteten einige Fonds das Anlageuniversum allerdings auf verbriefte Forderungen (ABS) aus, was in den Jahren der Finanzkrise erstmals zu teilweise empfindlichen Wertverlusten führte.

Geschlossene Fonds

Geschlossene Fonds ermöglichen unternehmerische Beteiligungen an verschiedensten Vermögensgegenständen. Nützlich sind sie insbesondere als Zugangsmöglichkeit in ausgesprochen illiquiden Anlageklassen wie beispielsweise Immobilien und Schiffe. Der Phantasie der Fondsinitiatoren sind bei den Zielobjekten keine Grenzen gesetzt. Die Wurzeln der Anlageform liegen im sogenannten grauen Kapitalmarkt. Über die Jahre hat sich die Branche zwar zunehmend professionalisiert. Trotzdem werfen in regelmäßigen Abständen betrügerische Angebote einen Schatten auf die Fonds. Neben dem unternehmerischen Risiko, das bis zu einem Totalausfall des eingesetzten Geldes führen kann, sollten Anleger auch nicht die eingeschränkte Fungibilität ihrer Beteiligung aus den Augen verlieren. Kurzfristig notwendige Verkäufe sind normalerweise nur mit größeren Abschlägen möglich.

Hausse

Bezeichnung für eine Phase andauernder und hoher Kursgewinne an den Börsen – zuweilen auch Bullenmarkt genannt.

Kurs-Gewinn-Verhältnis (KGV)

Das KGV gibt das Verhältnis des Gewinns je Aktie eines Unternehmens zum aktuellen Börsenkurs wieder. Ein niedriges KGV lässt eine Aktie günstig erscheinen, ein hohes KGV teuer. Allerdings basiert die Berechnung auf den Gewinnerwartungen von Analysten, so dass die Kennziffer nach Prognosekorrekturen stark schwanken kann.

Offene Immobilienfonds bieten ihrer Kundschaft die indirekte Beteiligung an einem Portfolio aus mehreren Gewerbeobjekten. Dabei wird diese eher langfristig ausgerichtete Form der Immobilienanlage mit der börsentäglichen Verfügbarkeit der Anteile verknüpft. Durch den Bewertungsmechanismus der Fonds sind Wertschwankungen üblicherweise sehr gering. Allerdings geraten sie bei einem breiten Rückzug der Anlegerschaft in starke Liquiditätsnöte, was in den vergangenen Jahren schon mehrfach zu einer Aussetzung der Anteilsscheinrücknahme geführt hat. Müssen offene Immobilienfonds geschlossen werden, bleiben die betroffenen rückzugswilligen Anleger zunächst einmal auf ihren Anteilen sitzen oder müssen bei einem Verkauf über die Börse Abschläge hinnehmen.

Optionen

Optionen geben dem Käufer je nach Ausgestaltung das Recht, einen bestimmten Basiswert innerhalb einer bestimmten Frist zu kaufen oder zu verkaufen. Der Verkäufer der Option geht dabei als sogenannter Stillhalter die Verpflichtung ein, die vereinbarte Menge zum vereinbarten Preis zu liefern beziehungsweise zu übernehmen, sobald dies während der Laufzeit verlangt wird. Dafür erhält der Stillhalter eine Optionsprämie.

Rentenfonds

Rentenfonds sind auf die Investition in sämtliche Formen von Anleihen – vor allem Staatsanleihen und Unterneh-

mensanleihen – spezialisiert. Ihre Zielgruppe sind Anleger,
die nicht in einzelne Schuldtitel investieren wollen, sondern eine breite Streuung bevorzugen. Vor allem bei riskanten Anleihen von Unternehmen mit schlechter Bonität
oder aus Schwellenländern ist dieser Ansatz durchaus sinnvoll.

Staatsanleihen

Staatsanleihen sind Schuldverschreibungen, die für eine
festgelegte Laufzeit mit einer festgelegten Verzinsung von
Regierungen oder anderen staatlichen Körperschaften aus-
gegeben werden. Angesichts der ausgezeichneten Bonität
des deutschen Staates und des damit verbundenen geringen
Risikos eines Zahlungsausfalls gelten zum Beispiel Bundesanleihen als besonders sichere Geldanlageform.

Tagesgeldkonto

Einzahlungen auf ein Tagesgeldkonto haben den Vorteil,
dass der Anleger jederzeit wieder über sein Geld verfügen
kann. Sie stehen damit im direkten Wettbewerb mit Geldmarktfonds. Oft ist die Verzinsung von Tagesgeldkonten
jedoch höher, weil Banken diese Angebote auch zum
Anwerben neuer Kunden nutzen. Vor einer Einzahlung
sollten jedoch Ort und Umfang der Einlagensicherung für
die jeweilige Bank überprüft werden. Die Konditionen
können sich zudem kurzfristig ändern.

Die Tonnagesteuer spielt in Schiffsfonds eine entscheidende Rolle, denn der zu versteuernde Gewinn einer Schiffsbeteiligung wird ausschließlich auf Basis der Nettoraumzahl eines Schiffes – seines Fassungs- beziehungsweise Transportvermögens – berechnet. Diese Steuer orientiert sich also nicht an den tatsächlich erwirtschafteten Erträgen des Schiffsbetriebs, weshalb für Privatanleger Gewinne aus ihrer Schiffsbeteiligung weitgehend steuerfrei sind. Allerdings ist die Tonnagesteuer eine Pauschalsteuer und fällt damit auch in wirtschaftlich schwierigen Zeiten an, wenn ein Schiff seinen Anlegern nur Verluste einfährt.

Total-Return-Fonds:
siehe Absolute-Return-Fonds

Zinskupon
Der Zinskupon einer Anleihe berechtigt zum Bezug der angebotenen Zinsen.

Simone Uttich: Diplom-Kauffrau, Finanzökonom (ebs), startete nach dem Studium 1994 als Trainee in der Privatkundenbetreuung der Dresdner Bank in Leipzig, 1996 bis 1998 Privatkunden-Wertpapierberaterin bei der Dresdner Bank in Jena, 1999 kurzes Intermezzo als Wertpapierspezialistin bei der Commerzbank in Erfurt, im gleichen Jahr Wechsel in das Sparkassen-Lager zu Helaba Trust nach Frankfurt, seit 2003 selbständige Finanzberaterin, seit 2004 Geschäftspartnerin des unabhängigen Finanzdienstleisters Trigonus Financial Solutions in Hanau

Steffen Uttich: 1990/91 erste journalistische Gehversuche beim Thüringer Tageblatt in Erfurt, 1991/92 Volontariat bei der Frankfurter Allgemeinen Zeitung, danach sieben Jahre Redakteur beim MDR-Fernsehen in Thüringen, 2000 Wechsel von der Politik- in die Finanzberichterstattung als Absolvent der Georg von Holtzbrinck-Schule für Wirtschaftsjournalisten in Düsseldorf, 2001 Rückkehr zur F.A.Z. mit dem Themenschwerpunkt private Geldanlage, seit April 2009 verantwortlich für den F.A.Z.-Immobilienteil